Ser grande

Ser grande

Guía para lograr un envejecimiento exitoso

Compilación de
JOSEFINA VÁZQUEZ MOTA

Ser grande
Guía para lograr un envejecimiento exitoso

Primera edición: febrero, 2019

D. R. © 2018, Josefina Vázquez Mota, por coordinación del libro y «Nadie nos enseña a envejecer»
D. R. © 2018, Armando Ahued Ortega, por el prólogo
y por «Una ciudad incluyente. Los programas para adultos mayores en la Ciudad de México»
D. R. © 2018, Jorge Santibáñez Romellón, por «México en transición»
D. R. © 2018, Arcelia Serrano Vargas, por « México en transición»
D. R. © 2018, Yanira Aguilar Acevedo, por «Romper el paradigma del envejecimiento»
D. R. © 2018, Manuel Sánchez Pérez, por «El fantasma del deterioro»
D. R. © 2018, Martha Pardo García, por «Crecer en la segunda mitad de la vida»
D. R. © 2018, Angelina C. Pacheco Chavarría, por «Tanatología: educación para la vida y la muerte»
D. R. © 2018, Alberto de los Ríos Torres, por «¿El asilo o mi casa? Cómo escoger servicios de asistencia»
D. R. © 2018, Eugenio Eduardo Yarce Alfaro, por «Financiar el futuro. Los retos de las pensiones en México»
D. R. © 2018, Marlene Ríos, por «¡Saca tu mejor versión! Ejercicios para envejecer exitosamente»

D. R. © 2019, derechos de edición mundiales en lengua castellana:
Penguin Random House Grupo Editorial, S. A. de C. V.
Blvd. Miguel de Cervantes Saavedra núm. 301, 1er piso,
colonia Granada, delegación Miguel Hidalgo, C. P. 11520,
Ciudad de México

www.megustaleer.mx

ISBN: 978-607-317-515-9
Impreso en México – *Printed in Mexico*

El papel utilizado para la impresión de este libro ha sido fabricado a partir de madera procedente
de bosques y plantaciones gestionadas con los más altos estándares ambientales, garantizando
una explotación de los recursos sostenible con el medio ambiente y beneficiosa para las personas.

Penguin
Random House
Grupo Editorial

Índice

Prólogo

El envejecimiento poblacional en México es un fenómeno de gran complejidad. En 2016 el número de personas de 60 años o más fue mayor al de niños menores de cinco años. Como sociedad, no hemos tomado conciencia de lo que esto significa ni de la magnitud del reto que tenemos por delante. Enfrentaremos transformaciones sociales de grandes dimensiones en los próximos años, pero nuestras respuestas hasta el momento han sido parciales: aún no se han tomado las medidas necesarias para atender al grupo de la tercera edad, el cual seguirá creciendo en las décadas venideras; tampoco se ha informado a la sociedad de lo que está pasando a nivel demográfico; y el respeto y aprecio por la sabiduría y experiencia de los mayores es cada vez menos frecuente.

No basta con visibilizar la problemática de los adultos mayores, hay que cambiar la manera de entender la tercera edad y empezar a tomar mejores decisiones. Es por ello que Josefina Vázquez Mota ha convocado a investigadores, expertos, políticos y activistas, para comprender de manera integral el envejecimiento y comenzar a transformarlo en un proceso exitoso a nivel individual y colectivo.

El libro inicia con el capítulo "Nadie nos enseña a envejecer", en donde Josefina Vázquez Mota nos introduce en el tema y nos cuenta por qué es importante que abracemos el envejecimiento desde una perspectiva positiva. En el segundo capítulo, "México en transición", el Dr. Jorge Santibáñez Romellón y la Mtra. Arcelia Serrano Vargas nos muestran la transición demográfica que estamos viviendo y nos ayudan a vislumbrar los retos fundamentales a corto y mediano plazo. "Romper el paradigma del envejecimiento" es el tercer capítulo del libro. Aquí, la Dra. Yanira Aguilar Acevedo nos muestra que es necesario cambiar nuestra manera de ver la vejez para caminar juntos hacia un envejecimiento activo, empoderando a los adultos mayores y modificando el modelo asistencialista por uno participativo. "El fantasma del deterioro cognitivo", capítulo a cargo del Dr. Manuel Sánchez Pérez, nos permite entender la diferencia entre un deterioro normal debido a la edad y un deterioro patológico que puede llevar a la demencia, además de darnos información para diferenciarlos y prevenirlos. En el capítulo "Crecer en la segunda mitad de la vida", la Dra. Martha Pardo García nos muestra que todos esos temores que llegan con la segunda mitad de la vida son normales y que, de hecho, son la puerta hacia la vida que siempre quisimos vivir. Pardo nos ofrece una guía de acciones basadas en el modelo SPIRE, que busca el equilibrio en el desarrollo espiritual, físico, intelectual, relacional y emocional. El capítulo titulado "Tanatología: educación para la vida y la muerte" es uno de los más profundos y conmovedores de este libro; de manera amorosa y experimentada, la tanatóloga Angelina del Carmen Pacheco Chavarría nos lleva a comprender las enormes ventajas de integrar a nuestro día a día el ciclo vida/muerte/trascendencia. En el capítulo "¿El asilo o mi casa? Cómo escoger servicios de asistencia", el Dr. Alberto de los Ríos Torres nos ayuda a reconocer cuando un adulto mayor necesita asistencia, cómo resolverlo en familia y qué opciones existen en la actualidad. "Financiar el futuro. Los retos de las pensiones en México", a cargo del Mtro. Eugenio Eduardo Yarce Alfaro, expone la situación actual de las pensiones en México y los retos que nos deparan las próximas décadas. Implementar programas de salud para la tercera edad es complejo y urgente, por ello, y gracias a la invitación de Josefina Vázquez Mota, contribuí con el capítulo "Una ciudad incluyente. Los programas para adultos mayores en la Ciudad de México", acerca de los programas sociales implementados en la última década en la Ciudad de México; éstos han dejado aprendizajes sumamente valiosos y con grandes posibilidades para replicarse en comunidades, municipios, gobiernos locales y federales. Finalmente, el libro cierra con un capítulo totalmente práctico: "Saca tu mejor versión. Ejercicios para envejecer exitosamente", donde la Psic. Marlene Ríos Mars retoma los principales conceptos expuestos y los transforma en ejercicios enfocados a vivir la tercera edad en plenitud.

La dirección de Josefina Vázquez Mota en este proyecto se complementa con los ejemplos de vida, expuestos a modo de portadillas entre cada capítulo y fruto de los encuentros con adultos mayores, fuentes de experiencia, entendimiento e inspiración para este libro.

Ser grande. Guía para lograr un envejecimiento exitoso será una publicación de gran utilidad para todos los que ya pasamos "el cuarto piso" y que a veces no sabemos cómo acercarnos al tema. Las aportaciones expertas y generosas de quienes lo han escrito despejan las telarañas y nos abren el camino para vivir una segunda vida en mayor plenitud.

Dr. Armando Ahued Ortega

Nadie nos enseña a envejecer: ¿qué hacemos ahora con 30 o 40 años más de vida?

Lic. Josefina Vázquez Mota

Durante años tuve la fortuna de que mi suegra viviera con nosotros en el mismo hogar; casi sin darme cuenta, fui descubriendo a su lado diversas etapas de la vida. Celebramos más de 20 cumpleaños juntas, y su sencillez, optimismo y resiliencia siguen presentes en cada uno de nosotros.

Nuestra vida transcurría con la normalidad de lo cotidiano, hasta que un día mi suegra se acercó temerosa y me dijo: "Vino mi mamá a verme". Enseguida se puso a llorar como una niña perdida y no como una mujer de casi 90 años. Yo intentaba tranquilizarla diciéndole que seguramente lo había soñado, pero no lograba devolverle la serenidad ni la alegría. A este episodio le siguieron varias "primeras veces", como la primera vez que no reconoció a algunos miembros de la familia, o la primera vez que tardó varios minutos en responder en una conversación.

Las "visitas de su madre" se hicieron más frecuentes y su llanto iba en aumento porque, según nos contaba, los niños de su salón de clases la maltrataban. Yo traté de consolarla diciéndole que sólo eran sueños, que no se preocupara. Sin embargo, comencé a inquietarme cuando ambos episodios se unieron en su narrativa.

Sin saber qué hacer al respecto, se me ocurrió pedirle a una de mis hijas que le hablara por teléfono a su abuelita haciéndose pasar por su mamá, para pedirle que se quedara a dormir en nuestra casa y avisarle que mañana regresaría por ella. Fue hasta entonces que mi suegra se tranquilizó y me dijo: "Pina, me habló mi mamá y me dijo que hoy me quede a dormir en tu casa, que mañana viene por mí para llevarme a la escuela y hablar con esos niños, para que ya no me molesten. Después nos iremos juntas a nuestra casa".

Me quedó claro entonces que el amor no alcanzaba para saber cómo responder. Me quedó claro que no estaba preparada para acompañarla de mejor manera.

Fuimos grandes amigas y cómplices, fue la abuelita que vio crecer a mis hijas día con día y las amó sin condiciones; fue mi aliada para hacer posibles tantas aventuras laborales en mi cotidiana intensidad, pero nunca me preparé para su proceso de envejecimiento.

Por eso, y por las razones y propuestas que se exponen en este libro, siento la urgencia y la necesidad de aprender y escuchar a los que sí saben.

No importa la edad que tengas, este libro no es sólo para personas que ya hemos rebasado los 50 o 55 años de edad. Es para todas y todos, porque, como aprenderemos en páginas posteriores, el envejecimiento comienza desde el día en que nacemos. Hoy ya somos más viejos que ayer, y esto no es una mala noticia, es una realidad que pone a prueba nuestra capacidad de aceptarlo, de adoptar una actitud más consciente y, en especial, de tomar la decisión sobre cómo queremos vivir las décadas por venir.

Uno de los propósitos de este libro es, justamente, entusiasmar, sorprender, advertir e incluso alertar a muchos jóvenes para que comiencen a crear conciencia de que nuestras decisiones en la niñez, la adolescencia y la juventud marcarán, en gran medida, los 20 o 30 años finales de nuestra vida.

Hoy se habla, y con mucha razón, de una cuarta edad. Millones de mexicanos, entre los que me incluyo, estamos entrando a ella. Y cada día se suman cientos a esta etapa inesperada.

Si estuviéramos en 1960, alguien más estaría escribiendo mi epitafio, o en el mejor de los casos, me quedarían unas cuantas horas de vida, porque en ese entonces la esperanza de vida para una mujer mexicana era de 57 años, precisamente mi edad. Tal vez por eso en las promesas matrimoniales se recalcan el "para siempre" y aquello de "hasta que la muerte los separe". Cuando esos votos se redactaron, los matrimonios sabían que, si una pareja llegaba a los 60 años de edad, ya eran muchos años. Pero si ahora tenemos una esperanza de vida de 75 años o más, podríamos empezar a preguntarnos qué haremos con el tiempo con el que no contábamos.

Asumir esta nueva perspectiva es darnos cuenta de que ese futuro no esperado puede sumarnos varias décadas de vida. Y que la ausencia de políticas públicas adecuadas para atender a un número creciente de personas en proceso de envejecimiento es evidente.

El origen de este libro está en esas inquietudes y en las valiosas propuestas de quienes aceptaron compartir su experiencia y su saber para que estemos mejor preparados para vivir ese proceso de vida. Este libro es una invitación para todos, porque envejecer es el único destino seguro y es probable que millones de nosotros vivamos para llegar a la cuarta edad.

¿Con cuánta salud, con cuántos ahorros, con cuánta movilidad, con cuánta independencia, con cuántos sueños, con cuánta felicidad, con qué enfermedades, con cuántas capacidades adquiridas o con cuántas capacidades en decadencia queremos o podemos llegar?

Es 2019 y sé muy bien que puedo vivir al menos ¡30 años más! Muy probablemente ésta sea la etapa más larga de mi vida. Por eso quiero ser ambiciosa, porque si he de vivir algunos años más, sólo quiero que mi vida y la de los míos sea tan buena como la de mis padres.

No hay escuela de amor más grande para mí que la vida de mis padres. No hay pareja que se ame tanto como ellos, ¡y vaya que he conocido muchísimas! A sus 85 años y después de haber vivido enfermedades inesperadas, hoy abrazan la vida con más amor que nunca.

Mi papá tiene más sueños que vida, y su ejemplo de trabajo, amor, honestidad y amor por México no tienen límites, al igual que el amor por mi mamá. Una y otra vez lo he escuchado decirle que su prioridad es hacerla feliz.

La alegría de mi madre y su ejemplo de construir felicidad son, simple y sencillamente, admirables. Hace apenas unos años le quitaron una rodilla completa para ponerle una prótesis de metal, y enfrentó con ejemplar disciplina sus terapias a pesar del dolor. Hoy camina más rápido que muchos jóvenes y es nuevamente imparable, tanto que ha vuelto a trotar. Es la mayor inspiración de alegría y amor por la vida que haya tenido jamás.

No digo que haya sido sencillo, pero con todo y las dificultades, mis padres han aprendido a aceptar con gratitud y optimismo los cambios físicos y naturales en sus cuerpos, han comprendido que sus almas son aún más fuertes y sabias, y por eso celebran la vida a diario sin perder oportunidad alguna. Esto me lleva a preguntarme cuántos de nosotros estamos en capacidad de repetir esta historia.

Este libro es un llamado urgente a hacer todo lo posible y lo imposible para que envejecer no signifique dejar de ser, y menos aún DEJAR DE VIVIR, así, con mayúsculas. Es una invitación para dejar de ver a las personas mayores como seres pasivos que lo único que necesitan es asistencia. El llamado urgente es a verlos como protagonistas de su vida y como agentes de cambio en nuestra sociedad.

A veces, cuando hablamos con alguien que ya ha entrado en la tercera edad, nos cuenta con nostalgia que en su época "fue un gran médico", que en sus tiempos "fue un gran ingeniero", que fue y fue y fue… Habla de sí mismo como si todo su talento, sus batallas, sus logros y su experiencia, ya no estuvieran presentes.

Solemos dar por hecho, aunque sea de manera inconsciente, que alguien incapaz de tomar decisiones es un ser dependiente. Estos prejuicios anulan a las personas mayores, pues nos llevan a considerarlas como incapaces para decidir incluso lo más elemental. Lo menos frecuente es actuar con respeto ante la libertad del otro, acompañándolo y facilitándole sus caminos.

Las actitudes negativas hacia la vejez están fundadas en estereotipos que anulan a la persona y la invisibilizan. Al respecto, la Organización Mundial de la Salud (OMS) afirma que no es la edad lo que pone límites a la salud y a la participación activa de la gente mayor. Más bien son las falsedades, la discriminación y el abuso de los individuos y de la sociedad, lo que frena el envejecimiento activo y digno. Por su parte, el Departamento de Geriatría de la Universidad de Stanford ha señalado que prevalece una serie de mitos respecto al envejecimiento, como:

- Todos los adultos mayores son iguales.
- Las necesidades básicas de los adultos mayores son distintas de las de la gente más joven.
- Más de 50% de los mayores padecen senilidad (pierden memoria, se desorientan y tienen conductas extrañas).
- Los adultos mayores tienen actitudes muy rígidas.
- Al envejecer, a menudo se paraliza la capacidad de aprender.
- Todos, al llegar a ancianos, padecen demencia.
- Todos los adultos mayores se deprimen.

La doctora Margarita Murgieri, miembro del Comité organizador del XIII Congreso Argentino de Gerontología y Geriatría 2016, describe otros estereotipos y creencias:

- Todos los ancianos son pobres.
- Ser mayor significa ser menos feliz.
- Las personas mayores son asexuadas.

17

- Todas las personas envejecen igual.
- Y todas son improductivas.

Y de nueva cuenta, la OMS señala que, actualmente, la discriminación contra las personas de la tercera edad es todavía más universal que el sexismo o el racismo.

Envejecer, para miles de mujeres y hombres, hoy en día es un escenario sombrío, con temores y miedos sobre su movilidad, sin empleos disponibles para ellos, sin ahorros o con muy escasas pensiones. Peor aún: lejos de cerrar ciclos de largos años de responsabilidad y trabajo, en esta etapa de su vida se convierten en los cuidadores y responsables de sus nietos e incluso en el sostén más importante para sus familias. Cuando no pueden asumir estos roles, los timbres de los asilos comienzan a sonar repetidamente; al abrirse la puerta, los hijos huyen dejando atrás a quien ahora ya es un "estorbo" y una "carga".

Pero no todo es desalentador. Con ritmo lento y enfrentando grandes obstáculos, hemos pasado de viejos a adultos mayores, y recientemente a personas mayores con decisiones y derechos.

Hace poco leí un artículo que llamaba a la reflexión y planteaba algunas interrogantes que echan por tierra mitos y estereotipos:

¿Conoces a alguna persona mayor que no utilice gafas, ni audífonos, o que no tenga problemas de memoria? ¿Conoces a dos personas mayores exactamente iguales? ¿Conoces a algún adulto mayor lleno de energía, de alegría y optimismo?

Yo sí. Conozco a muchos adultos mayores, distintos entre sí, con vidas apasionantes, sanos, llenos de vitalidad. Entre ellos está una extraordinaria mujer que ilumina con su presencia nuestro mundo. Se trata de Julia López, una pintora mexicana autodidacta que representa en su obra su niñez en la Costa Chica de Guerrero. Nacida en un pequeño pueblo, se fue muy joven a Acapulco y de ahí a la Ciudad de México, buscando una mejor vida. Aunque su testimonio completo aparece más adelante en este libro, el siguiente fragmento es una muestra de que, si nos preparamos para ello, la cuarta etapa de la vida puede estar llena de maravillosas aventuras:

Tengo tres hijas, siete nietos y cuatro bisnietos. Veo a mis nietas los fines de semana que me invitan a comer. Siempre he sido muy sana y como de todo. Yo me quiero morir llena, hay muchos que se mueren de hambre, ¡yo no! Yo siempre recomiendo que nos mantengamos muy activos: un cuerpo acostado se muere. De hecho, pronto voy a hacer un viaje a Italia con mi hija, porque viajar te levanta el alma.

Queta Lavat
ACTRIZ

Soy capitalina de nacimiento y aquí he vivido toda mi vida, amo mi ciudad. Tuve seis hermanos y unos padres maravillosos. Empecé a trabajar en cine a los 15 años, después hice teatro y televisión. Fue una época maravillosa. Hoy, a mis 89 años, tengo la satisfacción de estar en activo en teatro los viernes, sábados y domingos.

Soy una persona que se despierta contenta, ésa es una bendición porque entonces todo mi día viene bonito y agradable. La actitud ante la vida es importantísima; el apreciar la maravilla de la vida y de mi organismo me tiene en excelentes condiciones, gracias a Dios. Como muy bien, me tomo mi tequilita algunos días, tejo mucho, casi todo el día. Siempre estoy ocupada, siempre hay algo que hacer. También leo mucho, soy admiradora de Francisco Martín Moreno y en este momento estoy leyendo *Reinas malditas*.

Tengo mucha actividad social, salgo muchísimo: los martes tengo tejido con mis "arañitas", el jueves comida con amigas, los viernes desayuno con otras amigas y sábado y domingo, a trabajar.

Practico natación y eso me ayuda mucho, me siento muy bien porque movemos todo. ¿Que si algo me duele? No, ¡no me duele nada! En alguna ocasión me falló la columna, me operaron y seguí adelante. Después me operaron una cadera y posteriormente la otra. El doctor me paraba al otro día a caminar y lo único que yo le decía era: "Espéreme doctor, porque me estoy poniendo mis 'pintaminas'"; siempre he sido muy coqueta, no salgo ni al súper desarreglada.

Como de todo, desde muy joven me gusta la cocina y me encanta cocinar. Vivo sola desde hace 12 años, disfruto mucho mi espacio y me caigo muy bien, soy mi mejor compañera. Duermo excelentemente, tengo un sueño maravilloso y me checo cada seis meses. Me siento estupendamente bien. No necesito vitaminas, ¡traigo un ritmo tremendo! No me he hecho ni una cirugía estética, acepto mi edad con orgullo y dignidad.

A mí la vida lo único que me ha dado son cosas bellas, tengo todo lo que pueda desear un ser humano. Tengo cuatro hijos —tres varones y una mujer—, nueve nietos y dos bisnietos divinos. Mi primer hijo lo tuve a los 23. Duré ocho años de novia con el padre de mis hijos y 43 años de casada.

Quiero seguir haciendo telenovelas, teatro, cine… Aún tengo proyectos que quiero concretar, entre ellos un viaje en barco con mi hija y una amiga. Estoy por recibir el Ariel de oro en reconocimiento a mi trayectoria por las más de 160 películas, 50 telenovelas, doblaje, radio, etcétera. ¡Estoy feliz y emocionada!

Todo lo que hago me apasiona, mi familia, mi trabajo, los espectáculos… La clave es ser hombres y mujeres de bien, eso lo premia la vida. Hay que llevar una vida decente, hay que portarse bien, estudiar y leer mucho, porque es una maravilla. Cada libro es una ventana al mundo. Es primordial criar a los hijos en un ambiente familiar, de moral; todo lo que aprendan y estudien les va a servir en un futuro. Hay que procurar ser felices, porque la felicidad da salud, te hace sentir bien y hace que el día se haga chiquito.

México en transición[1]

Dr. Jorge Santibáñez Romellón
y Mtra. Arcelia Serrano Vargas

La demografía define el envejecimiento de una población como el proceso en el cual se incrementa de manera constante el grupo de edad de 60 años y más. No es algo bueno o malo, es un fenómeno que requiere el diseño de políticas públicas adecuadas. No prepararse para ello puede poner en riesgo la estabilidad de cualquier país.

¿De qué tamaño es el reto que tenemos en el futuro inmediato?

La transición demográfica

Cuando las tasas tanto de natalidad como de mortalidad disminuyen y la proporción de niños y jóvenes baja mientras que la de los adultos mayores aumenta, estamos hablando de una transición demográfica. Eso es lo que ha ocurrido en México de los años 60 a la fecha.

En 1960 se esperaba que una persona viviera en promedio 57 años; había 12.3 muertes por cada mil habitantes.

Para 2016 la esperanza de vida era de 75 años; había 5.8 muertes por cada mil habitantes

---

[1] Los cálculos y estimaciones fueron elaborados por los autores, con base en datos del Inegi (de 1995 a 2018), la Encuesta Intercensal Inegi de 2015, así como en las proyecciones de población del Conapo, 2010-2050.

¿Cuántos años tiene México?

- En 1990, 7 de cada 10 mexicanos eran menores de 30 años.
- Para el año 2015, 5 de cada 10 son mayores de 30 años.
- Para el año 2030…
- Quienes tienen de 30 a 59 años serán los adultos mayores de 2030.
- 1 de cada 6 mexicanos tendrá 60 años o más.
- Para el año 2050…
- 1 de cada 4 mexicanos será adulto mayor
- En 1990 había 16 adultos mayores por cada 100 niños.
- Para 2015 había 38 adultos mayores por cada 100 menores.
- Para el año 2030 habrá 63 adultos mayores por cada 100 menores.
- Para el año 2050 el número de adultos mayores habrá sobrepasado al de niños: 104 por cada 100.

¿Cómo viven los adultos mayores?

- La gran mayoría de nuestros adultos mayores vive acompañada y permanece activa en las dinámicas familiares; en 25% de los hogares mexicanos, el jefe de familia es un adulto mayor, de los cuales 62% son hombres y 38% mujeres.
- Sin embargo, 1.4 millones de personas de 60 años y más viven solos.
- Al menos la mitad de los hogares con adultos mayores presentan alguna condición que no es la óptima para el desarrollo, salud y estancia de un adulto mayor.
- En 2 de cada 10 viviendas aún se cocina con leña o carbón.
- El 5% no tiene agua entubada.
- El 6% no tiene drenaje.
- En la mitad de las viviendas no se cuenta con calentador de agua.

- El 20% de las viviendas en donde habitan adultos mayores no son propias, es decir, son rentadas, prestadas o están en otra situación. Seis de cada 10 aún están pagando su crédito.

La tecnología en el hogar

En las casas de adultos mayores hay más servicios de telefonía fija que en la media nacional (49 *vs.* 37%). Pero en otros temas...

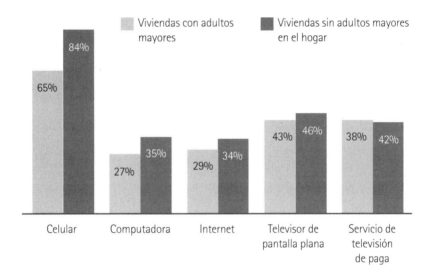

¿Dónde viven los más vulnerables?

- Los adultos mayores de menor nivel socioeconómico viven en Guerrero, Chiapas y Oaxaca. Los de mejor nivel socioeconómico viven en la Ciudad de México.
- Siete de cada 10 viviendas con adultos mayores se encuentran en las primeras cuatro regiones de menor nivel socioeconómico. Por tanto, en caso de que las autoridades deseen implementar políticas públicas en su favor, las necesidades deben focalizarse a nivel regional.

De hoy para mañana

EDUCACIÓN

Hoy, 7 de cada 10 adultos mayores no tienen educación básica y 2 de cada 10 son analfabetos. Si no pueden leer o escribir un mensaje o interactuar con la tecnología digital, son vulnerables a engaños y se vuelven dependientes de terceros.

RETO: que todos los adultos de 30 a 50 años sepan leer y escribir y se mantengan lo más al día posible con la tecnología ligada a servicios básicos.

SERVICIO MÉDICO

Hoy, 13.2% de los adultos mayores no tiene acceso a ningún tipo de servicio médico, justo cuando es más necesario.

RETO: asegurar desde hoy la atención médica para todos los adultos mayores, sobre todo en Michoacán, Puebla, Veracruz y Oaxaca, donde se encuentran los más desprotegidos.

TRABAJO

Hoy, sólo 3 de cada 10 adultos mayores trabajan o ejercen algún oficio. De los otros 7, la mitad se dedica a las labores del hogar.

Éstos son los salarios promedio entre quienes sí trabajan:

Posición en el trabajo	Promedio mensual	Salarios mínimos ($2 650 pesos al mes)
Jornalero(a) o peón(a)	$2 815	1.1
Ayudante con pago	$3 003	1.1
Trabajador(a) por cuenta propia	$4 634	1.7
Empleado(a) u obrero(a)	$7 194	2.7
Patrón(a) o empleador(a)	$11 844	4.5

El grueso de los adultos mayores percibe entre uno y hasta tres salarios mínimos mensuales.

RETO: no excluir a los adultos mayores de las actividades productivas y pagarles salarios dignos.

SALUD

- Siete de cada 10 enfermos de diabetes tienen 60 años o más.
- Dos de cada 10 enfermos están en edades de 50 a 59 años.
- Uno de cada 10 enfermos de diabetes tiene entre 40 y 49 años.

En la siguiente gráfica se ve el porcentaje de causas de mortandad entre adultos mayores en 2015.

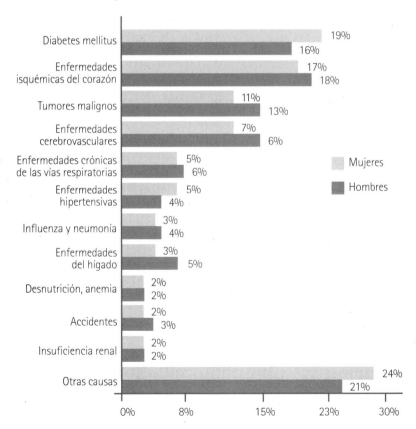

RETO: comenzar hoy a pensar en la salud desde el modelo anticipatorio.

Tareas para 2030

- Revalorar al adulto mayor desde la educación básica y en los hogares. No es una carga, es un ser humano lleno de experiencia.
- Reformular el sistema de pensiones. Ante la transición demográfica y la proyección a 2050, el sistema que tenemos resulta más que obsoleto.
- El gobierno federal debe brindar *todos* los servicios de salud a *todos* los adultos mayores. Independientemente de su actividad económica actual, los adultos mayores ya produjeron para el país.
- Incrementar la esperanza de vida, sí, pero libre de discapacidad. Hay que trabajar en programas preventivos de salud mental y servicios especializados.
- ¿Qué ocurrirá con los adultos que hoy viven solos? Hay que comenzar a rediseñar los servicios pensando en su autonomía (transporte, espacios públicos, compras, cuidados de salud a domicilio) y crear espacios de esparcimiento y convivencia comunitaria.

Pedro Cabrero Porraz

Empresario, 100 años

Nací en la Ciudad de México el 23 de febrero de 1918. Estudié en la Escuela Superior de Ingeniería Mecánica y Eléctrica del Instituto Politécnico Nacional. Me casé en 1951 con Carmen Marín, con quien tuve cinco hijos. Ahora tengo 12 nietos y soy viudo desde hace 15 años.

Durante mi vida emprendí varios negocios que me permitieron llevar una vida muy decorosa social y económicamente. Gracias a eso, conviví con figuras importantes del sector empresarial, político y artístico; de ellos guardo gratos recuerdos y maravillosas anécdotas.

Ahora tengo 100 años. Vivo solo en la que siempre fue mi casa, asistido por una persona. Llevo una dieta normal y una vida muy activa con mi familia. Una vez al año, hago un viaje al extranjero al lado de mis hijos y sus familias.

Para llegar a una vejez plena y activa es necesario cultivar hábitos que nos den equilibrio en todo, alimentación, ejercicio, buenos amigos. Ni muy muy, ni tan tan. Ni tanto de comida, ni tanto de bebida, ni tanto de trabajo. Que haya un balance. Sobre todo, hay que tener al lado a una persona que sea motivo de vida; mi esposa fue mi inspiración, una compañía inigualable para enfrentar con éxito muchos retos.

Quisiera que este libro fuera, para mis hijos y mis nietos, una herramienta de apoyo para que su familia respete más a los adultos mayores.

Romper el paradigma del envejecimiento

Dra. Yanira Aguilar Acevedo

El aumento de la esperanza de vida ha modificado la composición demográfica a nivel mundial. La población de personas en edad avanzada ha aumentado[1] y este cambio no sólo ha modificado la estructura familiar, también ha detonado un cambio en los patrones de muerte y enfermedad.[2] En México, sin embargo, los servicios de atención dirigidos a las personas mayores aún son escasos, por lo que el desarrollo de estrategias enfocadas en la promoción del envejecimiento activo y la prevención de la dependencia constituyen un área de oportunidad.

Los programas de cuidado y acompañamiento en la tercera edad han cobrado importancia, pero aún se requiere una acción complementaria entre el Estado, la iniciativa privada y la sociedad. El primer paso para lograrlo es romper con los estereotipos sobre la vejez. En las sociedades desarrolladas se ha logrado impulsar el envejecimiento activo, el autocuidado preventivo y los esquemas de solidaridad intergeneracional. Es necesario que en México adoptemos este tipo de visiones y que actuemos para lograr que las personas mayores sigan insertas en la sociedad de manera positiva.

[1] Frenk, J. (2003). *La salud de la población. Hacia una nueva salud pública.* México: FCE.

[2] También llamado transición epidemiológica. Ésta hace referencia al cambio en las causas de enfermedad y mortalidad, con un aumento en enfermedades crónico-degenerativas que requieren atención integral por parte del equipo de salud, autocuidado y acompañamiento del tratamiento en casa.

La perspectiva sociológica

El envejecimiento está determinado por varios procesos simbólicos, biológicos y económicos ligados a roles establecidos por cada cultura. Cada sociedad define las etapas de la vida creando normas y valores a seguir, los cuales pueden favorecer o no a ciertos sectores de la población. Actualmente, los adultos mayores han sufrido un doble despojo: una vez que su vida laboral se termina con la jubilación, la sociedad limita su participación. Mientras que para numerosas poblaciones tradicionales el anciano es símbolo de respeto y sabiduría, en la sociedad occidental el anciano representa la pérdida del cuerpo y de la identidad.[3]

El envejecimiento es un proceso biológico, sin embargo, las representaciones sobre la vejez son construcciones que van cambiando según el contexto histórico. La experiencia de la vejez se vive a partir del componente subjetivo de bienestar, el cual está influido por las prácticas cotidianas y las condiciones económicas y sociales del país, el desarrollo histórico, el actuar de las instituciones y las políticas sociales que promueven y garantizan los derechos humanos.

El rol, la posición y el estatus de la persona mayor están asociados a los recursos que existen en la comunidad para garantizar su sobrevivencia y reproducción.[4]

En las sociedades cazadoras-recolectoras, por ejemplo, los ancianos están integrados al grupo, tienen un estatus social alto por ser el vínculo que transmite el conocimiento; son la prueba de la experiencia y la habilidad de generar estrategias adaptativas para sobrevivir. En las sociedades agrícolas, el anciano acumula bienes y alimentos, tiene dominio económico, político, religioso

---

[3] Le Breton, D. (2012). "Por una antropología de la emociones", *Revista Latinoamericana de Estudios sobre cuerpos, emociones y sociedad*, *10* (4), pp. 69-79.

[4] Ortiz, J. (s.f.). "Envejecimiento: ¿programa genético o desgaste", tesis de licenciatura, México: ENAH.

y de conocimiento; es fundamental en el grupo e incluso forma parte del nicho de poder. A pesar de que su fuerza de trabajo disminuye, mantiene la capacidad de conocer ciclos agrícolas, técnicas de cacería y curativas, por lo que tiene una función específica de enseñanza y guía, preservando los recursos materiales y culturales de la comunidad.

Con la industrialización se da un cambio en la organización del trabajo. Los nuevos valores privilegian la fuerza física y la juventud, necesarias para insertarse en el mercado laboral. El anciano, al perder dichas condiciones físicas, es apartado del grupo, por lo que sus roles se van limitando.

El envejecimiento en la sociedad moderna se ha ligado a ideas peyorativas, estereotipos y negación de la persona envejecida. La vejez se mira lejana, como parte de un futuro que no se desea alcanzar: es un acontecimiento que le ocurre a *otro*. Esto provoca que las personas se nieguen a envejecer, tomando todo tipo de medidas para no ser identificadas en dicho grupo.

Le Breton caracteriza la vejez como "una relegación social más o menos discreta".[5] Esto podemos verlo cuando al anciano se le retira de la vida social por haber perdido los valores de juventud y vitalidad; la jubilación lo aparta del mundo laboral, sumando otro factor que provoca estigmatización.

> El concepto de vejez es un concepto cultural complejo.
> Se relaciona con formas de parentesco, salud, capacidad
> de automantenimiento, modelos de conducta, religión,
> marginación, moral, política y otros ámbitos socioculturales.

Las representaciones sociales son el mecanismo por el cual las personas aprehenden y se apropian de los hechos de la vida. Cuando la vejez es presentada como una enfermedad que se manifiesta en

---

[5] Le Breton, *op. cit.*, p. 147.

la imagen corporal, su visión ante el espejo es de desarraigo y negación. Si la representación social del adulto mayor se centra en imágenes que lo apartan de la sociedad,[6] sentirá que sólo tiene un lugar en ella en la medida en la que compre artículos para seguir siendo joven.

En el caso de México, la identidad del adulto mayor se construye a partir del discurso del abuelo-abuela, creando expectativas sobre su rol; no se mira propiamente al sujeto sino lo que éste representa.[7] Por otra parte, la vejez se asocia con la desigualdad y la pérdida de recursos económicos, lo cual aumenta las posibilidades de sufrir enfermedades crónicodegenerativas y dependencia económica. Incluirlos en la sociedad puede ser positivo si se construyen nuevos roles en la familia, o negativo si se les considera una carga económica, sobre todo cuando los espacios laborales producen confrontación entre jóvenes y viejos y los espacios de habitación y recursos económicos de la familia son limitados.[8]

Por fortuna, en las últimas décadas se ha buscado construir una visión más positiva de la vejez, entendiéndola como un logro de los sistemas sociales modernos. Gracias a la mejora en las condiciones de salud, se viven más años con buena salud, autonomía y funcionalidad. La vejez ya no significa necesariamente enfermedad y deterioro, incluso hay un crecimiento demográfico que hace que los miembros de este grupo se vuelvan actores con un peso significativo en la sociedad, pasando de sujetos de asistencia a personas con derechos y agencia —la capacidad que posee una persona para actuar—, siempre conectado a la estructura social. Esto plantea

[6] Yuni, J., Urbano, C. y Arce, M. (2001). *Discursos sociales sobre el cuerpo, la estética y el envejecimiento*, Argentina: Brujas.

[7] Orozco, I., Arias, E. y Villa, E. (1998). "La identidad colectiva del anciano. Un acercamiento a su proceso salud-enfermedad", en F. Mercado y L. Robles (comps.), *Investigación cualitativa en salud. Perspectiva desde el Occidente de México*, México: Universidad de Guadalajara, pp. 287-307.

[8] Bourdieu, P. (1990). *Sociología y Cultura*. México: Grijalbo.

nuevos retos y oportunidades tanto para las personas mayores como para la sociedad intergeneracional.[9]

No todos los adultos mayores comparten las mismas problemáticas ni ventajas. Algunos son dependientes física o económicamente y otros son funcionales y productivos. Pensar la vejez implica analizar tanto el contexto social como las decisiones que las personas toman durante su vida, es decir, las conductas proactivas. La prevención, el cuidado y el acompañamiento son la mejor apuesta para generar un envejecimiento activo.

Antes de profundizar en lo que significa el envejecimiento activo, vamos a analizar los estereotipos que predominan sobre la vejez, así como los efectos que estas ideas tienen en las personas mayores. Cambiar los prejuicios por ideas positivas y reales de la vida de un adulto mayor en el siglo XXI también ayudará a promover proyectos proactivos desde etapas tempranas y a incorporar a las diferentes generaciones en una nueva visión de la vejez.

Del viejismo a la proactividad

Los estereotipos y las conductas negativas sobre la vejez, englobadas en el término anglosajón *ageism*, traducido literalmente como "viejismo", abarcan prácticas sociales que impiden el desarrollo de las personas mayores, pues predisponen a las personas a juzgar a otros, provocando rechazo o aceptación, actitudes sobreprotectoras o peyorativas. Curiosamente, la mayoría de estos estereotipos fue construida hace décadas, cuando las condiciones de salud, economía, derechos y capacidades de personas mayores eran muy distintas a las actuales.

---

[9] Montes de Oca, V. (2012). "Pensar la vejez y el envejecimiento en el México contemporáneo". *Renglones*, *62*, 3669-3487.

El psiquiatra estadounidense Robert Butler definió el concepto de viejismo como los procesos sistemáticos (no conscientes) de discriminación y estereotipos hacia las personas por el simple hecho de ser viejas, sin considerar sus características individuales. El *ageism*[10] abarca una serie de conductas que devalúan, estereotipan y limitan a las personas mayores. De acuerdo con la Asociación Americana de Psicología, el viejismo se presenta desde comportamientos aparentemente inocentes, hasta conductas ofensivas.

Cada sociedad construye valores, normas, creencias, conductas, representaciones y percepciones sobre el "deber ser" de las edades de las personas.[11] Cada etapa responde a características, objetivos y conductas permitidas o sancionadas, abriendo o cerrando posibilidades. En una sociedad en donde la construcción social de la edad parte de la apariencia física, la mención del envejecimiento remite al deterioro del cuerpo, a la idea de que lo viejo es lo opuesto a lo joven. Cuando estas ideas se vuelven estereotipos, imponen un estigma a las personas mayores. Equiparar vejez con dependencia, senilidad y pérdida de identidad erosiona la posibilidad de relacionarse con otras generaciones, pues coloca la "carga" de la vejez sobre los hombros de la juventud. Esto impide que los jóvenes tengan la oportunidad de convivir con personas de mayor experiencia y que los mayores puedan sentirse parte de la sociedad al aportar algo a las generaciones jóvenes.

Cuando las personas mayores también aceptan los prejuicios sobre su persona, se ven afectados en su identidad, su imagen corporal y su autoconcepto. Esto les produce angustia, tristeza, enojo o incluso depresión. La aceptación de los estereotipos también lleva al cumplimiento de los mismos, es así que las personas terminan comportándose tal como se espera que lo hagan, asumiendo roles

[10] Salvarezza, L. (2002). *Psicogeriatría. Teoría y clínica.* Barcelona: Paidós.
[11] Toledo, A. (2010). Viejismo (*ageism*). "Percepciones de la población acerca de la tercera edad: estereotipos, actitudes e implicaciones sociales", *Revista Electrónica de Psicología Social,* 19.

de dependencia, pasividad, miedo al futuro, negación de la propia vejez y desconocimiento de sus derechos.

Los estereotipos hacia la vejez se encuentran al interior de la familia, que puede llegar a sobreproteger en nombre del amor; y de la sociedad, que limita su participación y provoca que se conviertan en seres pasivos y dependientes de programas de asistencia. Ambas situaciones afectan a la salud de la persona mayor al no reconocerla como agente activo de su autocuidado. Y más allá: los estereotipos pueden retrasar el diagnóstico de enfermedades cognitivas, que, al ser confundidas con una "pérdida normal de la memoria por ser viejo", no son atendidas a tiempo.

> La representación cotidiana de la persona mayor
> se ha vuelto una máscara que intenta ocultar
> el paso del tiempo encarnado en el cuerpo.

Los cambios demográficos en el siglo XXI nos proponen una oportunidad para erradicar el viejismo de nuestro lenguaje y de las conductas cotidianas. Hoy se habla del envejecimiento activo y productivo desde la Organización Mundial de la Salud, que ha buscado recuperar el sentido de agencia y autonomía de los adultos mayores al incentivar un estilo de vida más saludable y fortalecer las investigaciones que promuevan formas saludables de envejecer. Otro cambio positivo ha sido la sustitución del término "viejo" por "adulto mayor" y, recientemente, "persona mayor", lo que favorece la capacidad jurídica de decisión de la persona poseedora de derechos.

Un nuevo paradigma: el envejecimiento activo

Al hablar de envejecimiento, no sólo hay que deshacerse de los estereotipos negativos, sino de la noción de un grupo homogéneo con necesidades y fortalezas compartidas.

El grupo de las personas mayores tiene una diversidad de caras y contextos. Esta variabilidad se debe a factores como la cultura, las condiciones sociales, la ubicación geográfica, los sistemas de servicios de atención, así como factores que varían de persona a persona, como sexo, edad, escolaridad, situación conyugal, ingreso económico, trayectorias de vida, etcétera. La investigadora Verónica Montes de Oca señala que la variabilidad de la vejez se relaciona con las oportunidades que la sociedad otorga a sus miembros y las decisiones de cada persona para aprovecharlas o no. En este panorama, el envejecimiento activo forma parte de las decisiones, las representaciones y prácticas que abren la posibilidad de tener una vejez funcional y con calidad de vida.

El envejecimiento activo se basa en los principios de los derechos humanos de independencia, participación, dignidad, autorrealización y cuidados. Se enfoca en las necesidades de la persona mayor y busca potencializar sus capacidades para que participe activamente en su autocuidado e intervenga en la sociedad.

El envejecimiento activo reconoce la variabilidad de las personas analizando por qué algunas envejecen más positivamente que otras.[12] En otras palabras: combate los prejuicios al insistir en que no todas las personas viven en contextos de enfermedad o dependencia.

Los investigadores J. Rowe y R. Kahn han encontrado diferencias entre un proceso de vejez dependiente y otro independiente, marcados tanto por el contexto biológico como por el contexto social. Llama la atención que las personas mayores que tenían capacidad de agencia y participación social, independientemente de su

---

[12] Rowe, J., Kahn R. (1997). "Successful Aging". *The Gerontologist 37* (4). 433-440.

estado de funcionalidad, se adaptaban mejor a su entorno y reportaban una calidad de vida satisfactoria.

La participación de la persona mayor implica, además del autocuidado, la participación social, económica, cultural, espiritual y cívica. Como se muestra en la siguiente figura, abarca distintas dimensiones y denota cómo la sociedad trabaja en conjunto para facilitar la inclusión.

FACTORES DEL ENVEJECIMIENTO ACTIVO

Fuente: OMS, 2002.

El envejecimiento activo busca que la persona mayor sea un agente consciente y participativo de su propio bienestar, acompañado y apoyado por una sociedad empática.

El conocimiento de las capacidades individuales a edad temprana permite desarrollar el potencial de bienestar físico, social y mental a lo largo de todo el ciclo vital. En este contexto, la sociedad se integra para proteger y brindar los cuidados que requiere el adulto mayor para seguir tomando decisiones sobre su vida y participar en la vida comunitaria, cultural, económica, espiritual y cívica.

Fortalecer estas capacidades para hacer frente a la enfermedad, mantener la salud, la integración social y la construcción de ciudadanía participativa son los principales objetivos del envejecimiento activo. A su vez, invita a planificar, prevenir, preparar la vejez, adoptar hábitos saludables y estrategias de adaptación en cada etapa de la vida, devolviendo a cada persona la capacidad y responsabilidad por su propia salud y condición de vida.

El envejecimiento activo también suma a quienes ya han desarrollado consecuencias negativas del envejecimiento, al fortalecer las capacidades cognitivas y físicas que aún poseen, para retardar el deterioro. Las personas con limitaciones de movilidad o con algún tipo de demencia también pueden generar estrategias de adaptación que los alienten a tomar decisiones en los aspectos de su vida donde aún puedan hacerlo, manteniendo la participación y la convivencia social de acuerdo con sus necesidades.

Todo esto conlleva un cambio de paradigma sobre la vejez y las políticas centradas en las personas mayores. Su promoción implica trabajar en políticas públicas, prácticas de atención institucional y formación de promotores que detonen cambios a nivel comunitario y familiar. Se trata, pues, de un trabajo de toda la sociedad.

El empoderamiento

El envejecimiento activo comienza por empoderar a las personas mayores para que reconstruyan su autoconcepto de manera positiva, recuperen la capacidad de decidir sobre su propia vida y refuercen su confianza y autoestima. Que sepan que tienen el derecho y la capacidad para influir en su calidad de vida, modificar en cualquier momento sus proyectos personales y desarrollar su potencial intelectual y físico. En otras palabras: que se conviertan en esa persona consciente que busca envejecer en plenitud.[13] Empoderar significa, literalmente, dar poder a alguien para que sea consciente de sus capacidades y recursos para transformarlos, a través de un proceso de resiliencia, en acciones enfocadas en sus propios objetivos de vida.

> El nuevo paradigma hace que dejemos de ver a la persona mayor como un ser pasivo al que darle asistencia y que comencemos a verlo como protagonista de su vida y agente de cambio apoyado por la sociedad.

A diferencia de las prácticas paternalistas y asistenciales, el empoderamiento no se enfoca en las limitaciones de salud, funcionalidad, recursos o autoestima, sino en el potencial y las habilidades del adulto mayor. El empoderamiento promueve la autonomía, la dignidad y la participación, y fomenta el autocuidado, la autonomía y la sensación de bienestar.

Construir calidad de vida y bienestar en la vejez requiere, además de recursos materiales, fortalecer las estrategias psicológicas que permiten tomar decisiones. Cuando una persona mayor se empodera psicológicamente, puede influir en su propio envejecimiento echando mano de sus habilidades para relacionarse con el contexto, usar sus recursos, planificar su vida y actuar integrando a las personas que pueden contribuir a sus objetivos.[14]

---

[13] Iacub, R., Arias, C. (2010). "El empoderamiento en la vejez", *Journal of Behavior*, Health & Social Issues 2 (2), pp. 25-32

[14] Zimmerman, M. (1994). "Psychological empowerment: issues and illustrations". *Am J Community Psychol* 23 (5), 581-599.

El proceso de empoderamiento trae beneficios psicológicos y cognitivos al adulto mayor: retoma el control de su vida, la participación comunitaria y el entendimiento de su contexto; se fortalece la autoestima, la sensación de eficacia, la capacidad de imaginación, la confianza en sí mismo y en los demás, así como el deseo de un cambio y sentido de vida. Es cierto que las limitaciones físicas pueden desempoderar en ciertos contextos, sin embargo, una vez que se encuentra un equilibrio emocional ante la dependencia, puede generarse el proceso de reconstrucción personal. La posibilidad de construir calidad de vida viene de un trabajo psicológico que busca equilibrar la aceptación de las condiciones actuales de vida y la aspiración a mejorarlas.

Si bien el empoderamiento es un proceso individual, su éxito depende del eco que encuentre en la familia y en la sociedad. Cuando se deja de victimizar o culpabilizar a la persona mayor y se hace énfasis en su poder de actuación, se dejan de tomar decisiones "por su bien" y se abre el espacio de negociación entre la familia, la sociedad y la persona mayor. Esto, sin duda, lo coloca en una relación de igualdad con otras generaciones.

Una sociedad inclusiva

El proceso de envejecimiento no es un hecho aislado que involucra sólo a las personas mayores: ocurre en el contexto social e involucra directa o indirectamente a diferentes generaciones. Las relaciones intergeneracionales ocurren *de facto* en las sociedades modernas, sin embargo, con la propuesta del envejecimiento activo se busca fomentar la solidaridad, la reciprocidad y la convivencia positiva entre ellas.

La construcción de una sociedad que integre a la persona mayor de manera intergeneracional es una sociedad justa y sana, pues alienta la autonomía de todos sus miembros y fortalece la conexión a partir de la transmisión de conocimiento, la valorización de la experiencia y el impulso al envejecimiento productivo.

El apoyo de la comunidad está ligado al estado de salud de la persona mayor y se expresa a través de los cuidados y los afectos. Su efecto amortiguador ante los problemas de salud también es mecanismo de cohesión e inclusión.

La solidaridad intergeneracional promueve la construcción de una sociedad comprometida con el respeto a todas las edades y la equidad de oportunidades.[15] Se expresa a través de intercambios materiales, afectivos y asociativos. Como no es unidireccional, implica un grado diferente de compromiso entre las generaciones; no son los jóvenes los que dan, sino que todas las generaciones crean mecanismos de retroalimentación.

En sociedades como la mexicana, el cuidado y acompañamiento de las personas mayores se centra en la familia. Ante el cambio demográfico y económico (reducción del número de hijos y de recursos económicos) ha surgido la llamada *generación de en medio*, la cual se encarga de cuidar a los padres, a los hijos y a los nietos al mismo tiempo. Sin embargo, para evitar la sobrecarga familiar, es necesario que la sociedad y la iniciativa privada brinden asistencia.

La cooperación intergeneracional hoy se ve limitada por falta de tiempo y recursos, por eso, es necesario repensar la asistencia

[15] Luscher, K., Liegle, L., Lange, A., Hoff, A., Stoffel, M., Viry, G., y Widmer, E. (2010). *Generations, intergenerational relationships, generational policy. A trilingual compendium*. Bern: Swiss Academy of Humanities and Sociel Sciences.

como un proceso social, y generar modelos de atención comunitaria que involucren a todas las generaciones para que desarrollen sus potencialidades sin perjudicarse entre sí.

> La sociedad inclusiva busca que las tensiones
> se resuelvan de manera colectiva, trabajando
> en la reducción de la desigualdad y la discriminación,
> colocando la protección de los derechos humanos
> en el centro de las relaciones.

Imena: facilitadores del envejecimiento exitoso

Un nuevo paradigma necesita nuevos actores sociales; para promover el envejecimiento activo en una sociedad inclusiva, es necesario formar personas dedicadas a fortalecer la autonomía y la salud de las personas mayores. Esta nueva cultura de cuidados, basada en la participación consensuada de la persona mayor, la familia, la comunidad y los facilitadores, requiere intervenciones especializadas que favorezcan un cambio de conductas y el desarrollo de un plan de vida.

Las personas mayores ya están impulsando cambios. Buscan mantenerse activas, integradas y con proyectos de vida, por lo que en sus necesidades no se vislumbra la figura del cuidador tradicional, sino de un acompañante que colabore con ellas. Los promotores del envejecimiento activo, entonces, deben contar con una sólida formación para comprender el proceso biológico del envejecimiento, los factores de estructura social y las variables psicológicas, y ser capaces de elaborar planes personalizados y asertivos.

En este contexto surge el Instituto Mexicano del Envejecimiento Activo (Imena). Enfocado en la capacitación y entrenamiento de profesionales que participen en la promoción del envejecimiento activo en una sociedad inclusiva, forma facilitadores que construyan, junto con las personas mayores, procesos de envejecimiento saludable.

> La figura tradicional del cuidador asigna un rol pasivo a los adultos mayores y uno de asistencialismo a los cuidadores. El facilitador, en cambio, es un profesional capacitado para acompañar al adulto mayor en la construcción de calidad de vida.

La innovación docente del Imena se centra en el cambio de paradigma pedagógico: apartarse del modelo asistencial que perpetúa la dependencia para constituirse en un servicio que genere independencia y autonomía. El fin último es que la persona mayor desarrolle por sí misma las labores de autocuidado. La imaginación, la ética, el compromiso, el respeto, la negociación y el consenso son los valores con los que trabaja el facilitador para lograr conductas positivas, tanto en la persona mayor como en la familia.

Para desarrollar sus estrategias, los facilitadores parten de una valoración integral, contextual y personalizada, y sólo después dan herramientas a la persona mayor y a quienes lo rodean. En este modelo de atención, la persona es autónoma y activa en la toma de decisiones, mientras que el facilitador se mantiene reflexivo y empático, creando sinergias.

Inspirados en la propuesta de Carl Rogers,[16] la figura del facilitador busca potenciar los "recursos latentes del individuo y la funcionalidad de los mismos", promover que la persona mayor sea la protagonista de su proceso de atención, empoderarla para que haga uso de los recursos familiares y comunitarios que posee, dejando fuera los paternalismos e imposiciones para el cuidado de la salud. El facilitador busca suscitar actitudes positivas propositivas, inducir

---

[16] Rogers, C. (1986). "Carl Rogers on the Development of the Person-Centered Approach". *Person-Centered Review, 1* (3), 257-259.

la reflexión y el cambio a partir de una búsqueda conjunta de alternativas a las situaciones cotidianas que representan sentimientos de ansiedad, tristeza o sufrimiento para la persona mayor.

Desde el Imena se impulsan nuevas formas de educación que respondan a las demandas de manera innovadora y real, fomentando la profesionalización de quienes cuentan con la vocación de servicio hacia los adultos mayores, incorporando su experiencia previa para convertirlo en experto que permita la construcción de planes de intervención gerontológicos para un envejecimiento positivo.

La formación de facilitadores responde tanto a una estrategia transversal, pues los desarrolla para que se encarguen de la demanda actual de atención, como longitudinal, debido a que fomenta que los mismos construyan su propio envejecimiento desde el enfoque preventivo.

Para los colaboradores del Imena, el envejecimiento es un logro de la humanidad, así como una etapa de vida llena de nuevas potencialidades. En este sentido, su compromiso es contribuir a la construcción de una sociedad incluyente y equitativa a través de una educación accesible, que responda a necesidades reales, que sea accesible y democrática, que trascienda la transmisión de conocimientos y se convierta en un espacio de formación de personas capaces de participar en la construcción de relaciones intergeneracionales solidarias. Siempre tras un objetivo fundamental: impulsar a todas las personas a ser activas y autónomas para disfrutar de una calidad de vida óptima hasta el final de la vida.

Juvenal Cordero Pérez

CAMPESINO, 92 AÑOS

Nací en una comunidad que se llama Las Ánimas, en el municipio de Huayacocotla, Veracruz. Fuimos cinco hermanos. Desafortunadamente, mi madre falleció cuando éramos pequeños, así que mi padre nos crió solo y nos enseñó a trabajar a todos. Yo empecé a los ocho años; he sido albañil, velador, policía de mi comunidad —sin salario—, entre otras cosas, y por supuesto, siempre he trabajado en mis actividades del campo.

Me gusta estar aquí, tengo árboles frutales y plantas que son mi vida. Tengo limón, zarzamora, duraznos, peras, matas de haba y cilantro, rábanos y mis rosas de castilla. La siembra que yo hago es de subsistencia, no da para más por el terreno y la maquinaria que se necesita. El río está abajo, así que el agua la subimos con mucho trabajo.

Me levanto a las ocho de la mañana, almuerzo y me pongo a hacer cositas. Siempre hay algo que hacer. Por ahí de las tres de la tarde me da hambre y me echo mis taquitos. Como de todo y lo único que me falla es la vista por una mala operación que me hicieron hace unos años. Fuera de eso, me siento muy bien.

Vivo solo, pero me visitan muchos jóvenes y la gente de mi comunidad porque les gusta platicar conmigo y que les cuente cosas del pueblo o de la gente que había. Mi esposa falleció hace casi cinco años y cuando vienen mis hijos voy a dejarle flores. Dicen que son como ocho kilómetros de ida y vuelta, pero como voy pensando en ella y platicando con quien va conmigo, pues ni lo siento.

Mi consejo para los jóvenes es que se pongan a trabajar, que no sean flojos.

El fantasma del deterioro cognitivo

Dr. Manuel Sánchez Pérez

El término cognitivo suele estar unido a otro sustantivo que frecuentemente lo acompaña, el deterioro. El deterioro cognitivo se asocia a una condición casi exclusiva de la edad avanzada. Por encima del deterioro físico, el aislamiento social o el declive económico, la pérdida cognitiva es la más temida en la tercera edad, pues supone el desvanecimiento de la identidad, la progresiva disolución de la mente o la definitiva desaparición del yo a manos del fantasma del deterioro cognitivo.

La cognición es la capacidad de conocer por medio de la percepción y de los órganos del cerebro. Puede definirse de dos maneras: el *acto de conocer* o el *conocimiento*, también denominado entendimiento, inteligencia o razón natural. En general, cuando hablamos de *lo cognitivo* nos referimos a los procesos mentales implicados en la adquisición y el procesamiento del conocimiento. Esto incluye las funciones mentales superiores: la percepción, la memoria, el lenguaje, la capacidad de juicio, las funciones ejecutivas, la capacidad de tomar decisiones y la denominada cognición social. Todas ellas están directamente relacionadas con mecanismos cerebrales, influenciados por las experiencias individuales y las circunstancias ambientales a las que nos exponemos a lo largo de la vida.

Los cambios normales

Así como los órganos y sistemas del cuerpo experimentan cambios motrices y sensoriales con la edad, en las funciones cognitivas ligadas al proceso del envejecimiento se dan cambios progresivos.

Éstos son los cambios cognitivos que se dan en un envejecimiento normal:

- Volverse más lento afecta de manera global la cognición. Cuando este efecto se controla, el deterioro de otras funciones cognitivas es menos marcado.
- La memoria se ve afectada de forma muy variable entre adultos mayores y su deterioro se focaliza en cierto tipo de memoria. Mientras que algunas tareas de memoria y aprendizaje se dificultan, otras son ejecutadas igual que en la juventud. En el envejecimiento normal hay mayor afectación de la memoria episódica, mientras que el deterioro de la memoria semántica estaría más asociado al envejecimiento patológico.
- La memoria episódica en el envejecimiento normal se deteriora en las fases de adquisición y evocación espontánea de información.
- La memoria procedimental, es decir, la que nos sirve para aprender nuevos hábitos o habilidades mediante la práctica, también se ve afectada por la ejecución de tareas visoespaciales y las funciones ejecutivas, que explicaremos a continuación.
- La ejecución en tareas visoperceptivas más simples, como distinguir formas o colores, no se ve afectada por la edad. Las funciones visoespaciales, como establecer la posición, dirección o movimiento de elementos en el espacio, sí puede verse afectada en un envejecimiento normal. Las tareas visoconstructivas, en las que se requiere coordinar e integrar las dos funciones anteriores con las capacidades motoras, como copiar un dibujo, sí se ven afectadas por la edad.

- Las funciones lingüísticas son las que menos se deterioran con el paso de los años. Sin embargo, hay determinadas capacidades semánticas, como el vocabulario, que pueden llegar a mejorar con la edad. Las capacidades lingüísticas que parecen verse más afectadas son la preservación de los procesos de acceso y recuperación léxica.

- Las funciones ejecutivas están orientadas a la planificación y organización de las acciones según un objetivo determinado, así como a la iniciación y seguimiento de las mismas y a la capacidad para cambiar y adaptar esas acciones en función de las variaciones del entorno. Estas funciones engloban otros procesos específicos, entre los que se encuentran el cambio en el foco de atención, la memoria del trabajo, la formación de conceptos, el razonamiento lógico o abstracto, la flexibilidad cognitiva, la toma de decisiones y la resolución de problemas. La edad afecta estas funciones de manera muy variable.

En un envejecimiento normal, el deterioro global de las funciones cognitivas no está relacionado con la edad. Sin embargo, entre los 63 y 77 años, sí puede afectar funciones específicas, por ejemplo, el procesamiento cognitivo se hace más lento y se pierde destreza en la manipulación, inhibición, control, adquisición o evocación de la información.

Cambios que no son normales

Si los cambios que acabamos de describir se vuelven más intensos y comienzan a afectar las funciones cotidianas y la autonomía de una persona, ya no podemos considerarlos normales y hay que consultar al médico. Una evaluación clínica puede requerir complementarse con tests neuropsicológicos, análisis de laboratorio o pruebas de neuroimagen que ayudarán a confirmar o descartar un trastorno neurocognitivo.

La negación del problema puede ser tan nociva como asumir que un deterioro es normal cuando, en realidad, se trata de algo patológico. Hay funciones de la memoria que pueden verse afectadas temporalmente por circunstancias médicas, psicológicas, farmacológicas, etcétera. Por lo tanto, es imprescindible un diagnóstico diferencial para evitar que un diagnóstico prematuro cause preocupación o angustia a la persona mayor o a su familia.

Éstos son los cambios a los que hay que poner mucha atención:

1. *Apatía.* Los primeros síntomas de demencia en la enfermedad de Alzheimer suelen ser alteraciones emocionales como la apatía, que aparece en 90% de los casos y puede confundirse con una depresión. La apatía suele asociarse a la pérdida de memoria, que generalmente inicia con olvidos y con una mayor dificultad para recordar cómo hacer tareas cotidianas o aprender habilidades nuevas, como el uso de un nuevo electrodoméstico en casa.

2. *Olvidos.* Al inicio de la enfermedad, los cambios de carácter o del estado de ánimo pueden enmascarar la pérdida de memoria y los olvidos, por lo que resulta difícil distinguir si se trata de un deterioro ligado a un trastorno neurocognitivo o si se debe al proceso normal de envejecimiento.

    El que alguien experimente una dificultad ocasional para recordar el nombre de una persona, objeto o lugar no quiere decir que tenga demencia o Alzheimer. Si los errores puntuales de memoria u orientación no aumentan con el paso del tiempo, puede deberse a otras causas (episodios depresivos, épocas de gran ansiedad, agotamiento o cansancio por alguna enfermedad, algunas medicaciones o perturbaciones del sueño, como sucede en las apneas nocturnas). En caso de que persistan estas alteraciones, la visita con el médico puede de memoria e intenta encontrar una explicación lógica a la frecuente pérdida de objetos (dinero, llaves, gafas, etcétera).

6. *Dificultades en el cálculo.* Es usual notarlas a la hora de utilizar el dinero, reconocer el valor de las monedas o revisar el cambio. Ante estas dificultades, los pacientes suelen desarrollar estrategias para evitar verse confrontados, como utilizar con más frecuencia tarjetas de crédito, lo que suele ser interpretado por la familia como un cambio positivo. También optan por pagar con billetes o monedas de más valor, aunque se trate de compras pequeñas, para asegurarse de que les devolverán un cambio que generalmente darán por bueno.

7. *Afectaciones en el juicio.* Éstas se manifiestan en una toma de decisiones equivocadas. La persona puede dar un valor claramente erróneo a las cosas o a las personas, atribuyendo de forma desproporcionada responsabilidades o interpretando de forma equivocada situaciones que no corresponden con la lógica de las cosas, como retribuir excesivamente a quien lo asiste en su casa, o intentar operaciones de compra o venta sin tener en cuenta su valoración real. En ocasiones, estos errores de juicio pueden ocasionar conflictos importantes, por ejemplo, celos infundados por malinterpretar conversaciones, comentarios o hechos a los que se les atribuye una intencionalidad de la que carecen.

8. *Alteraciones del lenguaje.* Ocurren según el tipo de demencia. Suelen comenzar con una dificultad para expresarse. La persona no encuentra la palabra apropiada o la cambia por otra, o tiende a reducir su discurso a frases más breves. También puede manifestarse como pérdida de iniciativa para interactuar o falta de interés en las actividades sociales o laborales que venía realizando. La persona evitará reuniones con la familia, los amigos o los colegas, ya que cada vez le cuesta más trabajo comprender las conversaciones o mantenerlas, por lo que las vive como una experiencia muy estresante.

En ocasiones, no reconoce a los miembros de su familia o personas muy cercanas, llegando a confundirlas, y suele justificarse con algún tipo de pretexto. Con cierta frecuencia, los pacientes con Alzheimer confunden a personas de su generación (hermanos) con las de una generación mayor (padres). Su andar se hace más lento, tienden a inclinar el tronco hacia delante y aumenta la desincronización en el movimiento de los pies, lo que incrementa la posibilidad y frecuencia de caídas.

¿Por qué tememos perder la memoria?

La memoria es una función que depende de muchas variables. Algunas personas tienen una memoria privilegiada, y otras, desde su juventud, tienen una memoria muy frágil. En cualquier caso, esta función está asociada a la identidad personal. Ésta se construye con los años a través de la acumulación de experiencias y recuerdos, cuya base está en la memoria. Tradicionalmente, se piensa que los mayores tienen la necesidad de hablar de sus recuerdos para reconstruir su identidad en función de ellos. Las limitaciones de salud, de movilidad y de relación social amenazan con debilitar la identidad, por eso se intenta conservarla al recordar otras épocas de la vida en las que el rol familiar, profesional o social era mucho más reconocible. De ahí que algunas terapias basadas en el recuerdo sean tan exitosas entre las personas mayores. La terapia de reminiscencia, por ejemplo, recurre a fotografías, objetos antiguos o melodías para aproximar al individuo a épocas pasadas en las que su identidad se empataba, por ejemplo, con la profesión o la formación de la familia.

La pérdida de la memoria produce un temor más subjetivo que objetivo en la mayoría de las personas. Las generaciones actuales, incluso la de personas mayores, poseen una cantidad de información muy superior a la que disponían sus padres acerca de las demencias. También es común que alguien cercano a nosotros padezca alguna de estas enfermedades y que hayamos visto su proceso de deterioro, lo que genera en nosotros un temor anticipado, aunque no siempre confesado.

Por otro lado, hoy sabemos que la percepción subjetiva de falta de memoria, a pesar de que no produzca alteraciones en los exámenes neuropsicológicos practicados para evaluarla, está relacionada con una mayor probabilidad de sufrir un proceso de demencia. Después de los 65 años, algunas situaciones de la vida cotidiana pueden afectar el rendimiento cognitivo, entre ellas, la ansiedad, el estrés, la falta de sueño, la falta de oxigenación cerebral (como en la apnea nocturna), el efecto de algunos fármacos o la depresión. En este último caso, la afectación cognitiva puede llegar a ser tan intensa en ciertos ancianos que puede confundirse con una demencia conocida como *pseudodemencia depresiva*.

Las tres etapas de la demencia

Hay tres etapas en la evolución de las demencias: leve, moderada y avanzada. La velocidad con la que se alcanza cada una de ellas se da en función del tipo de demencia y, sobre todo, de la edad de inicio. En general, las demencias que inician antes de los 65 años (preseniles) suelen evolucionar más rápidamente.

En el caso del Alzheimer, la demencia se clasifica con base en la escala de deterioro global de Reisberg, cuyas características, agrupadas en fases de leve hasta grave, pueden resumirse en tres:

FASE LEVE

- Pérdida ligera de memoria que, aunque parece que son olvidos propios de la edad, suponen un cambio significativo respecto del patrón usual de memoria.

- Lentitud en el lenguaje y dificultad para comprender lo que escucha, especialmente en conversaciones simultáneas en un grupo de personas.
- Pérdida de iniciativa con reducción del interés por sus aficiones o hobbies habituales.
- Dificultad para aprender cosas nuevas, como el uso de un electrodoméstico moderno.
- Conserva la capacidad de mantener rutinas y de realizar actividades diarias, aunque puntualmente necesitan algún tipo de ayuda.

FASE MODERADA

- Pérdida de memoria más notoria; recuerda mejor los hechos pasados que los recientes. Puede parecer que recuerda hechos antiguos con gran detalle, por eso al principio parece que tienen una buena capacidad de recuerdo.
- Tendencia a usar frases más breves en conversaciones donde puede resultar complicado encontrar las palabras necesarias.
- Desorientación en el tiempo y en el espacio, sobre todo en el año, el mes y el día de la semana.
- Trastornos del sueño, con tendencia a ir a dormir más temprano.
- Dificultad para reconocer y recordar las caras de personas conocidas o familiares.
- Aunque mantienen algunas rutinas, necesitan ayuda permanente para realizar sus actividades diarias.

FASE AVANZADA

- Pérdida total de la memoria, no recuerdan o confunden los nombres de las personas.

- Todavía pueden decir frases cortas o palabras sueltas. Suelen reconocer al cuidador y hacer gestos simples, especialmente si tienen dolor.
- Necesitan supervisión constante, la desorientación hace que no sepan ubicarse en el propio domicilio.
- En ocasiones, la persona va al baño de manera reiterativa, casi obsesiva, a la que suele seguir el inicio de incontinencia de esfínteres, primero urinario y después fecal, precisando ayuda total para la higiene.
- El estreñimiento puede ser muy frecuente y causar molestias abdominales que generan inquietud e incluso agitación o estados de confusión.
- Inversión del ritmo sueño-vigilia, con tendencia a dormir durante el día y estar despierto en la noche.
- Tienen problemas para alimentarse; debido a la debilidad en la musculatura de la mandíbula, se les dificulta masticar, así como tragar sólidos por la falta de salivación.
- Experimentan una total incapacidad para realizar actividades de la vida diaria. Requieren ayuda continuamente.
- Ya no reconocen prácticamente a nadie, salvo a alguna persona muy allegada y solamente de forma ocasional.

La edad es el mayor factor de riesgo para padecer algún tipo de demencia o Alzheimer. La única manera de ahorrárnoslo sería no llegar a viejos. Pero si queremos vivir muchos años, tendremos que arriesgarnos a llegar en buena forma mental. Existen muchas medidas de prevención, y es responsabilidad aplicarlas en nuestro día a día. Practicar hábitos saludables a lo largo de la vida y sobre todo en la última etapa, puede reducir significativamente la incidencia de los trastornos neurocognitivos.

Del deterioro cognitivo a las demencias

El deterioro cognitivo puede tener diversos grados. En los que no son patológicos, el rendimiento cognitivo puede estar afectado temporal o permanentemente. El deterioro cognitivo leve o Mild Cognitive Impairment (MCI) se distingue porque la persona se queja de la pérdida de memoria y presenta un rendimiento de memoria anormal para su edad o nivel de escolaridad, a pesar de que sus funciones cotidianas y cognoscitivas permanecen intactas. Entonces, ¿cómo distinguir entre el MCI y la demencia?

Para que pueda hablarse de demencia, deben darse las siguientes condiciones:

- Síndrome clínico orgánico.
- Disminución de la memoria y otras funciones cognitivas, generalmente gradual, progresiva y persistente (más de seis meses).
- No presenta alteración del estado de conciencia.
- Interfiere en las actividades sociales.

El paso de un deterioro cognitivo leve a una demencia no siempre ocurre. Se calcula que sólo le sucede a 25% de los pacientes cada año, mientras que el resto permanece en una situación de deterioro leve. Muchos de los esfuerzos en la investigación se dirigen actualmente a establecer los factores de riesgo o los marcadores que pueden indicar cuándo un deterioro cognitivo leve se convertirá, antes o después, en una demencia. Si la investigación sobre posibles tratamientos sigue avanzando, permitirá la aplicación de tratamientos a los pacientes con deterioro cognitivo leve y factores de riesgo o marcadores asociados, para evitar su evolución hacia una demencia.

Entre 6 y 14% de la población de más de 65 años
sufrirá algún tipo de demencia.

Demencias: los factores de riesgo

- La edad es el factor más importante: a mayor edad, mayor riesgo. A partir de los 60 años, el crecimiento de las demencias también es exponencial. Se considera que después de los 65, cada cinco años se duplica este riesgo. Las demencias preseniles se distinguen porque muestran los primeros síntomas antes de los 65 años edad. Dentro de este grupo se considera a las demencias de inicio joven o que se dan antes de los 45 años. Otras formas de demencia preseniles menos frecuentes son las demencias vasculares, las postraumáticas y las alcohólicas.

- El sexo femenino es un factor de riesgo fundamentalmente para la enfermedad de Alzheimer.

- Los antecedentes familiares de enfermedad de Alzheimer, en primer grado, aumentan el riesgo de forma creciente a medida que aumenta la edad, en un 5% hasta los 70 años, en un 16% hasta los 80 años y en un 33% hasta los 90 años.

- La predisposición genética es un factor fundamental para el Alzheimer y la enfermedad de Pick. Para la enfermedad de Alzheimer, lo es haber heredado el genotipo APOE-4.

- Los adultos con síndrome de Down tienen un mayor riesgo de padecer Alzheimer a medida que envejecen. Aproximadamente 30% de las personas con síndrome de Down tendrá demencia tipo Alzheimer hacia los 50 años, y 50% la presentará a los 60 años.

- Los episodios depresivos recurrentes a lo largo de la vida exponen a un mayor riesgo de padecer demencia en la vejez.

Entre otros factores asociados a este riesgo se encuentran los efectos tóxicos del cortisol —el cual aumenta en la sangre durante los episodios depresivos— sobre áreas cerebrales clave para la memoria, como el hipocampo.

- Sufrir lesiones cerebrovasculares, como el ictus, destruye partes del tejido neuronal cerebral. Esto deja secuelas en la motricidad, el lenguaje o la memoria, en forma de demencia vascular.

- Enfermedades cardiovasculares, como las arritmias o la hipertensión arterial antes de los 65 años, se asocian con la producción de coágulos que pueden afectar la circulación sanguínea cerebral. Las que se producen después de los 65 años no se asocian con un mayor riesgo de padecer Alzheimer.

- La diabetes, especialmente si no está bien controlada, produce afectaciones metabólicas y vasculares relacionadas con la aparición de la demencia. Los factores vasculares relacionados con la diabetes, el efecto neurotóxico de los niveles elevados de azúcar en sangre o de los episodios de hipoglucemia aumentan el riesgo de demencia en pacientes diabéticos.

- El haber sido fumador multiplica por cinco el riesgo de padecer demencia y Alzheimer.

- El consumo excesivo de alcohol y el abuso de otras drogas suponen 10% de las demencias. Estrictamente, se trata de cuadros clínicos potencialmente reversibles, por lo que es posible desarrollar estrategias preventivas, sobre todo en la población más joven. El consumo excesivo de alcohol está relacionado con el deterioro cognitivo, especialmente a través del denominado síndrome de Wernicke-Korsakov. Sin embargo, investigaciones recientes muestran que incluso ingestas de alcohol consideradas normales o aceptables a lo largo de los años reducen el rendimiento cognitivo.

- El bajo nivel educativo supone un menor empleo de tareas que ponen en juego la atención, la concentración, la memoria, el uso del lenguaje y otras funciones cognitivas. Está asociado a niveles socioeconómicos bajos, en los que también se presentan los peores niveles de nutrición, de acceso a servicios sanitarios y a las medidas preventivas y de control de enfermedades crónicas, además de existir abuso de alcohol o tabaco. Por su parte, las personas con más nivel educativo o con trabajos que implican mayor exigencia intelectual tienen una mayor reserva cognitiva y su riesgo de demencia es menor. Más adelante se explicará el concepto de *reserva cognitiva*.

- Los traumatismos craneoencefálicos con pérdida de conciencia pueden deteriorar la concentración y la memoria con el paso del tiempo. Esto se debe a que el traumatismo desencadena una serie de fenómenos biológicos cerebrales similares a los que se dan en las demencias, pero permanecen sin producir síntomas durante años.
- Una ingesta calórica equilibrada o baja en calorías retrasa el envejecimiento cerebral, mientras que la obesidad se asocia a las enfermedades cardiovasculares y a los ictus, ambos factores de riesgo para el deterioro cognitivo y la demencia.

Tratamientos disponibles

Actualmente la demencia carece de tratamiento curativo, aunque desde hace años sea uno de los campos de investigación con mayor desarrollo. Por lo tanto, las medidas preventivas deben jugar un papel crucial para reducir estas enfermedades en las siguientes generaciones. El fomento de la actividad física, una dieta saludable, no fumar ni abusar del alcohol, así como el mantenimiento de vínculos sociales y actividades intelectuales contribuyen significativamente a reducir o retrasar la aparición del deterioro cerebral que subyace en todos los tipos de demencia.

Algunas demencias secundarias pueden tener tratamientos curativos cuando son empleados a tiempo, como en el caso de algunas demencias por déficit de vitamina B o ácido fólico, o de una hidrocefalia. Para el tratamiento de las demencias degenerativas se usa un grupo de fármacos denominados *antidemencia*, capaces de mejorar algunas vías de neurotransmisión. Durante los últimos 20 años, estos tratamientos han significado prácticamente la única aportación novedosa, arrojando por primera vez una luz de esperanza en una posibilidad de curación. Sin embargo, su efecto es más bien modesto y, en el mejor de los casos, retrasa la evolución de la enfermedad, no la detiene ni la revierte.

Actualmente se investigan los tratamientos basados en la inmunoterapia; a modo de vacunas, podrían revertir los efectos de las sustancias neurotóxicas que se acumulan en el cerebro en etapas tempranas de la enfermedad. Para ello, resulta crucial identificarlas a tiempo usando marcadores que señalan el riesgo de padecer la enfermedad, incluso cuando todavía no resulta evidente clínicamente.

Los tratamientos orientados hacia los síntomas también son muy necesarios, sobre todo para el tratamiento de los trastornos de conducta mencionados al inicio de este capítulo. Cuando se dan trastornos como agitación nocturna, gritos, irritabilidad, delirios o alucinaciones, se pueden usar fármacos antipsicóticos, muy útiles en dosis bajas y en periodos de tiempo limitados.

Es muy importante conocer las causas de los trastornos del comportamiento en el curso de una demencia. Existen afecciones inducidas por tratamientos farmacológicos, incluidos los propios psicofármacos, que pueden estar en el origen de los síntomas. En estos casos, el tratamiento comienza por identificar y corregir lo que desencadena la sintomatología. Una primera intervención eficaz consiste en que el paciente deje de tomar uno o varios de los fármacos que estaba tomando.

Los síntomas de conducta en la demencia también pueden controlarse con medidas no farmacológicas. Éstas requieren un estrecho contacto con la familia, con el doble objetivo de orientarla para manejar las situaciones y reducir aquellas que desencadenan las reacciones del paciente, así como disminuir la carga que lleva su principal cuidador y que es directamente proporcional a la intensidad y frecuencia de los trastornos psiquiátricos del enfermo.

Este grupo de terapias centra su objetivo en las causas ambientales o psicológicas de la conducta, con la ventaja de evitar los fármacos y sus efectos adversos. Y es que, cuando el fármaco es eficaz, puede enmascarar alguna conducta que revele las necesidades del paciente, limitando aún más la comunicación con el cuidador. Tales terapias, sin embargo, tienen una limitante: son eficaces para unos síntomas, pero no para otros. Si bien pueden ayudar a suavizar la agresividad, por ejemplo, no ayudan a reducir el *wandering* o vagabundeo.

Terapias no farmacológicas en Demencias	
Síntomas	Intervenciones
Rendimiento cognitivo	Estimulación cognitiva / entrenamiento cognitivo
	Counselling
	Terapia lumínica
	Música / Musicoterapia
	Actividad física
	Terapia de orientación a la realidad
	Terapia de reminiscencia
	Snoezelen / estimulación multisensorial
	TENS
	Terapia de validación
Capacidad para las actividades de la vida diaria (AVD)	Estimulación cognitiva / entrenamiento cognitivo
	Actividad física
	Terapia de orientación a la realidad
	Snoezelen / estimulación multisensorial

Síntomas	Intervenciones
Síntomas psicológicos y conductuales	Estimulación cognitiva / entrenamiento cognitivo
	Tratamiento conductual
	Manipulación ambiental
	Aromaterapia
	Terapia lumínica
	Música / Musicoterapia
	Actividad física
	Terapia de orientación a la realidad
	Terapia de reminiscencia
	Snoezelen / estimulación multisensorial
	TENS
	Terapia de validación
	Terapia asistida por animales

Finalmente, hay que recordar que el paciente con demencia es un paciente anciano, por lo que, al momento de planear un tratamiento con psicofármacos, deben tenerse en cuenta otros procesos somáticos, así como la interacción con otros fármacos que pueden incidir sobre el curso de otras enfermedades.

¿Cómo podemos reducir el riesgo?

Existen hábitos de vida saludables y estrategias que pueden reducir la probabilidad de sufrir una demencia.

Estimulación cognitiva. Más arriba mencionamos el concepto de *reserva cerebral*. Esta capacidad permite al cerebro tolerar más carga de enfermedad, retrasando la aparición de síntomas de demencia y sus manifestaciones clínicas. La reserva cerebral puede hacer que el deterioro cognitivo se manifieste tiempo después de su inicio real o incluso no manifestarse, pues el individuo fallece antes por cualquier otra causa. Esta capacidad de tolerancia o reserva, que actúa como un factor protector, está influenciada por muchos agentes, siendo la estimulación cognitiva uno de los más importantes. Las personas con más nivel educativo o con ocupaciones de exigencia cognitiva disponen de mayor reserva y muestran menos riesgo de demencia. Investigaciones recientes señalan que el hábito de la lectura mantenido a lo largo de los años ejercita las funciones de atención, concentración y memoria. Además, al usar el tiempo disponible en una actividad gratificante, se evitan sensaciones negativas de soledad o aburrimiento. Así, la estimulación cognitiva es capaz de disminuir el riesgo de demencia. Los juegos de atención y los pasatiempos realizados a diario pueden estimular diferentes áreas cerebrales. Lo mismo pasa con los ejercicios de habilidad práctica, las manualidades, la jardinería, la cocina y los viajes. Estos ejemplos demuestran que, como dice el dicho, "lo que no se usa, se acaba perdiendo".

Ejercicio físico. Estudios científicos recientes demuestran que la actividad física, preferentemente aeróbica realizada en la juventud y en la adultez, puede reducir el riesgo de demencia y de Alzheimer décadas más tarde, incluso entre los portadores del gen de la APOE. Para prevenir el deterioro cognitivo leve, basta caminar dos kilómetros al día tres veces por semana. Por otro lado, distintos estudios observan que las personas sedentarias tienen un 40% más de riesgo de desarrollar demencia en comparación con las que hacen ejercicio dos a tres veces por semana. En contrapartida, quienes realizan una actividad física ligera a moderada reducen el riesgo de deterioro cognitivo 35% cuando se les compara con las personas sedentarias. También existen evidencias de que el ejercicio físico potencia la neurogénesis, es decir, la producción y crecimiento de nuevas células nerviosas en el hipocampo y, por lo tanto, aumenta el rendimiento cognitivo. Además, el ejercicio físico regular contribuye a incrementar el flujo sanguíneo cerebral y el de importantes factores estimulantes de la estructura y función cerebral, tanto en personas sanas como en personas que padecen enfermedad de Alzheimer. Hacer ejercicio regularmente también tiene un efecto antiinflamatorio y antioxidante en el cerebro, reduce la hipertensión arterial, la hipercolesterolemia, la hiperglucemia y la obesidad, que, como vimos antes, son en sí mismos factores de riesgo para el deterioro cognitivo.

Dieta. La denominada *dieta mediterránea* ha demostrado beneficios en la prevención del deterioro cognitivo. Su nombre refiere a los patrones de alimentación típicos de Grecia, la isla de Creta y del sur de Italia durante la posguerra. Sus componentes nutricionales son potencialmente beneficiosos para prevenir o retrasar el deterioro cognitivo y se distribuye de la siguiente manera:

- Ingesta elevada de verduras, frutas, cereales, legumbres, ácidos grasos insaturados (principalmente aceite de oliva).
- Ingesta baja de ácidos grasos saturados.
- Ingesta moderada de pescados y frutos secos.
- Ingesta baja a moderada de lácteos y carnes blancas.
- Ingesta baja de carnes rojas y derivados.
- Ingesta moderada y regular de vino.

Actualmente se está estudiando el papel preventivo del complejo vitamínico B, de las vitaminas antioxidantes A, E y C, y la vitamina D. Existen algunas evidencias sobre los efectos protectores de la huperazina A, el resveratrol o el Ginko Biloba, así como de los *nutracéticos*, suplementos alimenticios con actividad orientada a renovar las neuronas y retrasar su deterioro.

Actividades sociales. Participar en actividades sociales y relacionarse con otras personas para evitar la soledad previene el deterioro cognitivo. La conexión con el entorno y la actividad social frecuente reducen el efecto nocivo del Alzheimer y mejoran la reserva cognitiva y las habilidades cognitivas en la vejez. La actividad social disminuye el efecto de la soledad y el aislamiento, relacionadas con una mayor frecuencia de depresión, factor de riesgo para la demencia.

¿Qué nos espera?

La tendencia de los últimos años, al menos en Europa, indica que la proporción de la población con demencia ha empezado a disminuir. Sin embargo, a nivel mundial, la cantidad de personas afectadas por la demencia aumentará, sobre todo en países donde la esperanza de vida crece exponencialmente, junto con la proporción de personas con enfermedades neurodegenerativas. El gran desafío radica, fundamentalmente, en tres áreas:

- *Prevención.* Estimular hábitos y estilos de vida que han demostrado su eficacia para reducir las enfermedades cardiovasculares, la obesidad, el sedentarismo, el tabaquismo, entre otros problemas ligados a la afectación del cerebro.
- *Diagnóstico.* Desarrollar marcadores que permitan predecir el riesgo genético antes de que aparezcan los síntomas, así como tratamientos basados en la farmacogenómica o en la inmunoterapia, cuya aplicación retrase el deterioro cognitivo y la demencia.
- *Programas.* Dar acceso a la población a los servicios de prevención y diagnóstico temprano, así como a programas comunitarios de estimulación y atención a domicilio. Brindar más recursos para la rehabilitación, la estimulación cognitiva y psicológica, convenientemente profesionalizada, en donde se apliquen más terapias no farmacológicas, cuya eficacia para tratar integralmente a los pacientes con demencia ha quedado demostrada.

Julia López, "La musa de ébano"
PINTORA

Nací en Comaltepec, un pequeño poblado al lado de un río, en el municipio de Ometepec, Guerrero. Antes se hacía todo un día para llegar, íbamos en burro, a caballo o en mula. Era muy bonito el camino, todos esos trayectos estaban llenos de árboles maravillosos, con fruta con unas flores preciosas. Ése ha sido el sentir de mis pinturas, no se han borrado de mi memoria todos esos trayectos que caminamos y que son parte de mi obra. Los animales, los bailes abajo de los árboles…

Mi mamá era matancera y vendíamos la carne, era una mujer exitosa. Tuve una niñez maravillosa con mis ocho hermanos, comíamos muy bien, montábamos a pelo, íbamos a cambiar los caballos y a cosechar y todo lo vendíamos.

A los 12 años me fui a Ometepec con una hermana para cuidar a su hijo recién nacido, pero me aburría mucho y fui a pedir trabajo a un hotel. Ahí hacía de todo y aprendí a cocinar. La cocina, al llegar a México, me abrió puertas por todos lados.

De Ometepec me fui a Acapulco porque quería conocer otras cosas, aprender. Una de mis hermanas me fue a traer, así que decidí que tenía que irme más lejos. Cada uno trae ilusiones, altas, bajas, medianas. Y yo quería hacer otras cosas.

Llegué a la capital a vivir con mi madrina. Ella tenía un negocio de costura, pero mis labores eran domésticas. Estuve como un año ahí, hasta que me invitaron como modelo en una casa de modas, tenía 16 años.

Renté un cuarto de azotea a unas cantantes de ópera y, como me sobraba tiempo, decidí ir a buscar a un veterano de guerra que me había invitado a posar para los alumnos de la escuela de pintura La Esmeralda. Me pagaban muy poco, pero me alcanzaba para sobrevivir. Acudía de manera simultánea a los estudios particulares de los pintores. Iba a donde me llamaran, de un lado a otro.

Empecé a tener idea de pintar en la escuela donde posaba; los alumnos me pedían opinión de sus trabajos y yo les decía: "Tiene su pie chico, no se parece, le falta esto, le hiciste los ojos disparejos". Ahí empecé a apreciar la pintura. Yo tenía para vivir, pero no para invertir en lienzos, pinceles, pintura, aguarrás, thinner, en fin: todo lo que los pintores ocupaban. Inicié pintando en las bolsas de pan, que antes eran de papel de estraza. Pintaba panteones, animales, mariposas, flores… Eran figuras pequeñas porque las bolsas no eran tan grandes.

En una ocasión le enseñé mis pinturas al maestro Carlos Orozco Romero y le pedí que me enseñara a pintar a cambio de posar para él. Se negó rotundamente con el argumento de que perdería la esencia, estilo e identidad en mis trazos. Tiempo después tuve mi primera exposición en la Zona Rosa, organizada por el maestro Orozco y otros alumnos de la escuela para los que había posado. Ellos mismos compraban mis obras. Durante todo ese tiempo no vi a mi familia ni supe nada de ellos; regresé a mi tierra hasta que pude ayudarlos. He tenido la fortuna de exponer mis obras en diferentes partes del mundo: Italia, Portugal, Estados Unidos, China, entre otros países. Y en México, por supuesto.

Tengo tres hijas, siete nietos y cuatro bisnietos. Veo a mis nietas los fines de semana que me invitan a comer. Siempre he sido muy sana y como de todo. Yo me quiero morir llena, hay muchos que se mueren de hambre, ¡yo no! Yo siempre recomiendo que nos mantengamos muy activos: un cuerpo acostado se muere. De hecho, pronto voy a hacer un viaje a Italia con mi hija, porque viajar te levanta el alma.

Uno tiene que moverse para donde sea, mantengamos el cuerpo en movimiento, no estático. Creo en los milagros y en los ángeles, me gusta pensar en lo bonito que nos ha dado la vida, la madre tierra, el sol que nos alivia, la luna que es inspiradora de poesía y canciones…

A mis 83 años, sigo pintando.

Crecer en la segunda mitad de la vida

Dra. Martha Pardo García

En el pasado, imaginaba la edad madura como una etapa dedicada a cosechar los logros de todo lo que una persona hubiera sembrado durante la juventud. Sin embargo, con el paso de los años, se ha convertido en carrera llena de obstáculos, una carrera que, mientras vivamos, nos exige continuar afrontando los desafíos que se nos presentan, sin lugar para rendirnos.

En algún momento de la edad adulta, no cronológico, puesto que no tiene relación con el reloj ni con el calendario, sino con fuerzas internas y psicológicas, vamos a sentir la necesidad de hacer cambios. Nos damos cuenta de que se están acabando nuestros primeros proyectos de vida: nuestros hijos ya crecieron y están por irse o ya se fueron de la casa; las actividades que antes nos gustaban ya nos resultan aprisionantes. También podemos descubrir que estamos perdiendo la ruta, ya no sabemos quiénes somos, hacia dónde vamos ni qué queremos. En lugar de paz y tranquilidad, tenemos la necesidad de adaptarnos.

Reconocer que el tiempo se escapa nos lleva a evaluar si hemos tenido los logros que habíamos planeado, si nuestra vida es lo que imaginábamos, si nuestros sueños de juventud se cumplieron o si la realización de estos sueños nos produjo la satisfacción que esperábamos. Puede ser también que comencemos a sentir que algo en nuestro interior nos lleva a reconocer la importante necesidad de hacer ajustes. En ese momento, será necesario reorientar nuestra vida hacia donde pensamos que debe dirigirse.

Tener que hacer cambios para darle un nuevo significado a la vida puede causarnos angustia e inquietud, pero es muy importante saber que lo que nos está pasando es normal, que forma parte de la existencia y marca el inicio de la segunda mitad de nuestra vida.

Este momento es clave para tomar decisiones. Podemos darnos por vencidos o salir adelante y ampliar nuestros horizontes hacia nuevos caminos. Si tomamos la firme determinación de no rendirnos, aunque nos sintamos frustrados, derrotados, perdidos y en la oscuridad, hay que confiar en nuestra fuerza interior.

En mi práctica profesional, he escuchado repetidas veces frases como: "Si hubiera sabido que iba a vivir tanto tiempo, me hubiera cuidado mejor o hubiera planeado más". Ante ese panorama, es importante hacer un alto, entrar en contacto con nuestras capacidades y diversas áreas internas, y enfocarnos en ser lo más completos posibles.

Hagamos un primer ejercicio. Te invito a reflexionar acerca de tus proyectos y misiones de vida. Conecta contigo mismo, hazte las siguientes preguntas y busca las respuestas en tu interior.

Mi primera misión o proyecto de vida:

- ¿Cuáles han sido los proyectos de la primera mitad de mi vida?
- ¿Cuáles de estos proyectos se me están acabando?
- Del 1 al 10, ¿qué tan satisfecho estoy de mis logros?

Mi segunda misión o proyecto de vida:

- ¿Cómo quiero vivirla?
- ¿Qué cambios necesito empezar a hacer?
- ¿De quién puedo aprender?
- ¿Cuál es el nuevo yo que debe surgir?
- ¿Qué pasos puedo empezar a dar el día de hoy?

Modelo SPIRE

Hacia finales del siglo XX surgió una corriente psicológica en Estados Unidos que ahora se conoce como psicología positiva. A diferencia de la psicología tradicional, ésta no se enfoca en los traumas o patologías, sino en las características positivas que tenemos.

La psicología positiva ofrece herramientas que nos ayudan a detectar nuestras áreas fuertes. Una de estas herramientas es el modelo SPIRE. Este modelo nos brinda un plan para hacer una revisión y un inventario de áreas básicas de desarrollo personal que nos conducen a la satisfacción y al bienestar general. Estoy convencida de que, al tener una guía, podremos continuar mejor nuestro camino y encontrar la manera de desarrollarnos plenamente.

Basándome en el modelo SPIRE de bienestar, te propongo que revisemos las cinco dimensiones que éste ofrece como parámetros para hacer un balance de vida y definir los cambios que debemos realizar para seguir desarrollándonos en la segunda mitad de nuestra vida. Estas dimensiones son: (S) Espiritual, (P) Física, (I) Intelectual, (R) Relacional y (E) Emocional. Cada una está relacionada con la vitalidad, la salud y el bienestar.

Dimensión espiritual (S)

Todos sentimos la necesidad psicológica de tener un propósito, un sentido, una vocación y una misión. Saber que ese propósito es más grande que nuestra propia vida nos brinda un sentimiento de bienestar. Asimismo, tener un camino y ponernos metas en pos de nuestra misión impacta significativamente en nuestra expectativa de vida. Poner nuestras propias metas es vital para nuestra salud emocional.

No basta planear nuestra misión, sino que debemos actuar para alcanzarla. Una vez que lanzamos la pregunta "¿Para qué estoy aquí?", podemos tomar las medidas necesarias para alinear nuestras acciones y relaciones con nuestra misión. Llevar a cabo nuestros proyectos no sólo trae satisfacción y bienestar, sino que evita el aburrimiento, la pérdida de autoestima, la ansiedad, la depresión o el sinsentido. Tener un propósito y llevarlo a cabo impacta positivamente en nuestra vida y en la de los demás; eso nos hace sentir generosos y ver nuestros problemas desde una perspectiva mayor.

Seligman (2003) dice que debemos poner las fortalezas y virtudes que poseemos al servicio de algo mucho más grande que lo que nosotros somos: un propósito. Para seguir nuestro propósito es necesario vivir en presencia consciente (*mindfulness*), esto es, en conexión con el presente y sólo con el presente, en el aquí y ahora, en cualquiera de nuestras actividades. El pasado es un lugar de referencia, mas no de residencia, y el futuro sólo está en nuestra imaginación. La conexión con el presente nos lleva a experimentar el *fluir*, que Csikszentmihalyi (2003) define como involucrarse en la vida, estar conscientes y totalmente inmersos en lo que hacemos, usando nuestras capacidades sin importar si es algo laboral, personal o familiar. Teniendo esas experiencias, sentiremos más satisfacción con nuestra vida.

> El pasado es un lugar de referencia, mas no de residencia,
> y el futuro sólo está en nuestra imaginación.

En la segunda mitad de la vida es común pensar que ya cumplimos con nuestra misión y que ya no tenemos nada por hacer. Esta idea es errónea y limitante, nos hace perder la esperanza y sentir que ya no tenemos razones para seguir. La realidad es que no necesariamente se tiene una sola misión, sino que podemos tener varias e ir realizándolas conforme van surgiendo.

Cuando no podemos ver que más adelante nos esperan cosas por hacer, es momento de contactar con nuestros resortes vitales para salir al mundo en busca de lo que verdaderamente somos. En vez de tirarnos al desconsuelo y dejar que la vida se lleve lo que hemos logrado, necesitamos confiar en nuestra inteligencia, fuerza y valor, y salir a la vida con una visión práctica y realista. Si nos volvemos rígidos y nos estancamos en conductas que ya no funcionan, terminaremos haciéndonos daño. En cambio, si somos flexibles, podremos adaptarnos a los cambios y ver las oportunidades que nos ofrece la vida. Está en nosotros tomarlas o desaprovecharlas.

Al llegar a la segunda mitad de la vida, después de tantos años de sacrificar el hoy por el bienestar del mañana, es natural sentir que, a pesar de tanto esfuerzo, no logramos realizar nuestros sueños de juventud y que la situación actual no es la que habíamos imaginado. ¿Qué pasaría si en lugar de vivirlo con frustración y enojo, lo asumimos como una situación más en la que nos coloca la vida y actuamos en consecuencia? ¿Y si pudieras revertir tu situación y disfrutar incluso la manera en que estás enfrentándola?

Podemos permitir que la edad se nos venga encima y dejarnos llevar por la rutina. O podemos aceptar el desafío de la segunda mitad de la vida, para tomar las riendas y transformarnos en lo que realmente queremos.

Ejercicio dimensión espiritual (S)

Date unos minutos de tranquilidad y respira profundamente. Después, realiza las siguientes tareas:

1. Haz una lista de los proyectos cumplidos y otra de los que están en proceso o pendientes.
2. Reflexiona sobre aquello que hoy le da más sentido a tu vida.
3. Piensa en tus actividades diarias. ¿Cuáles están encaminadas a tu proyecto de vida?

4. Piensa en las actividades que te permiten poner tu atención plena en ellas.

5. Pregúntate: ¿Tengo las riendas de mi vida en las manos y soy capaz de reinventarme a mí mismo?

Dimensión física (P)

El cuidado de nuestro cuerpo debe ocupar un sitio principal en nuestra vida. La mente y el cuerpo se afectan mutuamente; si la mente no está sana, el cuerpo tampoco lo estará y viceversa.

El aspecto más básico del bienestar físico es el movimiento. Las personas que no se mueven se deterioran más rápidamente, sus músculos se atrofian y sus huesos se debilitan, cayendo en una espiral que también afecta a la mente. Un cuerpo sedentario puede comenzar a deteriorarse desde los 25 años.

Los beneficios del ejercicio en los adultos que cruzan la segunda mitad de la vida están comprobados: reduce los niveles de estrés, fortalece el sistema inmunológico, disminuye el riesgo de enfermedades cardiovasculares y de padecer hipertensión, se logra controlar el peso, dormir mejor...

Y hay más: la actividad física incrementa el optimismo y el entusiasmo, mejora la salud mental, reduce el deterioro cognitivo y favorece las capacidades creativas, de pensamiento y de aprendizaje, porque el movimiento crea nuevas conexiones neuronales. Según Ibarra (2005), "cada movimiento que efectuamos se convierte en un enlace vital para el aprendizaje y el proceso cerebral".

Por si fuera poco, la actividad física nos ofrece la oportunidad de interactuar con otras personas. Se puede hacer en un gimnasio, pero también en espacios abiertos con amigos y en familia. Pasear a una mascota, salir de excursión o a bailar... Lo que importa es hacerlo de manera constante y disfrutándolo.

¿Cuánto podría mejorar tu vida si realizaras 30 minutos de ejercicio diario?

La edad no es una limitante para recibir todos los beneficios de la actividad física. El uso del cuerpo en paralelo con el cerebro aumenta la capacidad de aprendizaje no sólo en los niños, sino también en los adultos, incluyendo a los adultos mayores. El ejercicio activa distintas partes del cerebro y permite un mejor aprendizaje. No importa la edad de la persona; en cerebros jóvenes, el ejercicio ayuda a su desarrollo, mientras que, en cerebros mayores, previene el deterioro. El movimiento es muy importante en esta época. Pero también hay que poner atención a los demás aspectos de la dimensión física: una alimentación balanceada, suficiente descanso, ocio y distracción, así como chequeos médicos rutinarios.

Ejercicio dimensión física (P)

Reflexiona acerca de tu salud física y responde las siguientes preguntas:

1. ¿Qué tan frecuentemente hago actividades en la naturaleza?
2. ¿Cada cuánto realizo ejercicio físico?
3. Del 1 al 10, ¿qué tan sana considero mi alimentación?
4. ¿Estoy descansando lo suficiente?
5. ¿Cuándo fue la última vez que me realicé un chequeo médico general?

Dimensión intelectual (I)

Quizá pensemos que al llegar a la segunda mitad de la vida ya desarrollamos todo nuestro potencial intelectual, o que la mente va perdiendo su capacidad de aprendizaje con la edad. Pero existe evidencia de que podemos continuar creciendo intelectualmente e incluso alcanzar niveles insospechados. Para desarrollar nuestro máximo potencial primero hay que descubrirlo, sumergirnos en nuestro interior y alumbrar con la luz de la curiosidad eso que no hemos podido o no hemos querido ver. ¿Acaso dejaste de aprender cuando dejaste de ir a la escuela? No, el aprendizaje continúa a lo largo de la vida. Y en esta segunda etapa, es crucial para darle sentido y llevarte a vivir nuevas y maravillosas experiencias.

Las principales razones por las que un adulto toma clases son el interés intelectual y el contacto social. El interés intelectual lo observamos como el mero placer por aprender, eso mantiene en forma a la mente y la actualiza. Al mismo tiempo, nos pone en relación con otras personas, rompiendo con el aislamiento y la desmotivación. Tener estos dos factores cubiertos hace una gran diferencia en el estado de ánimo.

Cada persona tiene su propio estilo de aprendizaje; algunos prefieren el estudio formal (cursos con certificación) cuando desean sentir más claramente un logro y propósito, mientras que otros prefieren el estudio informal a través de conferencias, cursos o clases independientes. Ningún estilo es mejor que otro, lo que importa es que el adulto respete su personalidad y elija lo que mejor le acomode.

El autoaprendizaje tiene como ventaja la flexibilidad de los horarios, pero es recomendable estudiar con otras personas para estar acompañados. Hacer amigos en las clases tiene grandes beneficios psicológicos y ayuda a crear redes de personas con los mismos intereses, permitiendo el intercambio de ideas.

Los psicólogos Cattell y Horn expusieron dos tipos de inteligencia que forman parte de nuestro desarrollo intelectual. Por un lado, mencionan la inteligencia fluida, que es la capacidad para procesar información novedosa. Es usada para la resolución de problemas, para el pensamiento abstracto y para encontrar alternativas a las situaciones; no requiere conocimiento previo y es única en cada individuo. Esta inteligencia depende de factores genéticos y fisiológicos, y declina con la edad. Por otro lado, hablan de la inteligencia cristalizada, que está relacionada con el aprendizaje adquirido a través de la experiencia a lo largo del tiempo y el conocimiento previo. Ésta depende de la memoria, la educación y los antecedentes culturales.

Ninguno de los dos tipos de inteligencia es mejor que el otro, ambos se utilizan y son complementarios. Sin embargo, existen datos que demuestran que la inteligencia fluida se desarrolla más temprano, mientras que la inteligencia cristalizada se mantiene en crecimiento durante toda la vida. A pesar de que el cerebro del adulto mayor pueda comenzar a fallar, siendo menos ágil en la resolución de problemas abstractos y olvidando nombres y palabras, se mantiene en expansión mientras sea alimentado con información interesante.

> El desarrollo intelectual debe brindar una sensación de sentido y placer, lo que no sólo se relaciona con el aprendizaje. La creatividad juega un papel preponderante en ello.

De acuerdo con el modelo SPIRE, estimular la mente con actividades dirigidas al aprendizaje y la creatividad es una excelente forma de incrementar el bienestar. Lo opuesto a esto es el aburrimiento y el no intentar nuevas cosas, por lo que será importante para nuestro bienestar intelectual expandir nuestra mente, retándola con nuevos conocimientos y actividades creativas.

Una de las características del cerebro es la neuroplasticidad, que se define como la capacidad de cambio que poseen las neuronas y sus conexiones. Esta facultad es la base del aprendizaje y de la capacidad de cambio ante nuevas circunstancias. ¿Cómo ocurre esto? Las neuronas se comunican entre sí para realizar algo ya aprendido, pero cada vez que queremos aprender algo nuevo, éstas se comunicarán de otra manera, creando nuevas redes entre ellas.

La *neuroplasticidad* se mantiene durante toda nuestra vida, por eso podemos aprender cosas nuevas sin importar la edad, ya que las neuronas siempre están dispuestas a cambiar y a reajustarse, aun cuando el cerebro muestre evidencias de envejecimiento. En resumen: nunca es tarde para aprender.

Cuando una persona disfruta el aprendizaje, se aventura a tomar riesgos intelectuales y a probar nuevos métodos, ideas y experiencias que lo libran del tedio y del sinsentido que muchos adultos temen. Como dijimos al inicio: a cualquier edad se puede desarrollar el potencial intelectual, puesto que nunca llega a su máximo. La segunda mitad de la vida es una oportunidad para descubrir nuevas ideas, ejercitar la mente, alimentar la curiosidad y recuperar y fortalecer lo mejor que hay en nosotros.

Ejercicio dimensión intelectual (I)

Permítete leer un texto o realizar alguna actividad intelectualmente estimulante. Al terminar, responde estas preguntas:

1. De esa experiencia, ¿en qué tema tengo interés por profundizar?
2. ¿Cuándo fue la última vez que visité un museo?
3. ¿Qué libro quisiera leer próximamente?
4. ¿Puedo hablar con alguien o tomar una clase para aprender más sobre un tema que me interese?
5. De aquello que sé, ¿qué podría enseñar a otros?

Dimensión relacional (R)

Podemos encontrar distintas formas de relacionarnos en la edad adulta: la familia, los amigos, el trabajo, la afiliación a grupos formales o informales, el voluntariado… Cada una satisface diferentes necesidades, pero todas tienen en común el poder de darnos bienestar emocional. En el de todas ellas se encuentra la pertenencia como elemento básico: proporciona compañía y apoyo emocional, la oportunidad de compartir valores y experiencias, favorece la reducción de estrés, así como la sensación de identidad. El mero hecho de sentirse parte de un grupo genera la sensación de ser valorados y apreciados. Al mismo tiempo, nos da la oportunidad de valorar y apreciar a los demás.

El aspecto relacional es muy importante en la segunda mitad de la vida, una etapa marcada por pérdidas y ganancias del sistema familiar, con hijos que salen del hogar y sus parejas que entran. Sin embargo, está demostrado que esas crisis, si se enfrentan adecuadamente, pueden fortalecer al individuo.

Hace 75 años, el investigador George Vaillant de la Universidad de Harvard comenzó un estudio cuyo objetivo es encontrar las claves para una vida feliz y saludable en la madurez y la vejez. El estudio se ha llevado a cabo con estudiantes de la misma universidad y con niños y jóvenes de escasos recursos en la ciudad de Boston, con la finalidad de que la variable económica no determine el resultado. Vaillant ha encontrado que mantener relaciones personales de calidad es el factor principal para la salud a largo plazo: las personas con mayores conexiones y relaciones profundas y satisfactorias son más felices, viven por más tiempo y con mayor lucidez. Por otro lado, las personas que tienden a aislarse son menos felices, más susceptibles a la enfermedad y a perder sus facultades mentales.

En el desarrollo emocional del adulto surge normalmente la necesidad de dar lo que ha recibido y, a su vez, la necesidad de ser necesitado. De ahí que las relaciones interpersonales en la vida cotidiana sean fundamentales. Durante la juventud, el individuo se centra por lo general en sus logros y gratificaciones personales. Los adultos, sin embargo, comienzan a cambiar su mirada hacia intereses humanitarios y causas nobles, que les permitan ir más allá de sí mismos.

En su teoría del desarrollo psicosocial, Erikson habla del concepto de *generatividad* como "la preocupación por organizar y guiar a la siguiente generación". Esta actitud solícita, generosa y necesaria de proveer cuidados y nutrientes a la generación siguiente va dirigida hacia nuestros hijos y nietos, en primer lugar, y luego hacia alumnos, protegidos, subalternos y menores. Así, la generatividad se expresa no sólo a través de la crianza, sino por medio de la enseñanza, la productividad o dedicación al trabajo, y la creatividad. También se extiende al mundo del trabajo, la política, el arte, la música y otras esferas. Ante ello, cabe que cada quien se pregunte: ¿Qué contribución voy a hacer al mundo?

> La generatividad responsable sustituye
> a la gratificación personal.

En la segunda mitad de la vida, una vez que hemos alcanzado nuestro crecimiento interior, debemos ser capaces también de crecer *hacia afuera*, más allá de nosotros mismos, de lo contrario, nos estancamos y nuestra existencia se empobrece, sumiéndonos en una sensación de vacío y de no ser valiosos para los demás.

Dice Erikson que hay una tendencia a enfatizar la dependencia del niño en el adulto, lo que con frecuencia nos impide considerar la dependencia que también tiene la generación de mayor edad en la juventud, como otra faceta de la generatividad: "El hombre maduro necesita ser necesitado y estimulado por la generación más joven". Esto nos muestra la importancia de compartir las experiencias con los miembros más jóvenes de los grupos a los que pertenecemos; ellos necesitan aprender de dichas experiencias y nos brindan, a su vez, la oportunidad de sentirnos necesitados y gozar de la sensación de bienestar que esto conlleva.

La generatividad es un signo de madurez y salud emocional que cumple con la fórmula siguiente: a mayor madurez, mayor altruismo. Desde luego, es también una virtud o cualidad que podemos desarrollar en la segunda mitad de la vida para estar en contacto con los demás, estableciendo relaciones firmes, basadas en dar y recibir.

Ejercicio dimensión relacional (R)

Convive con tu familia, con tus amigos, con tus compañeros de trabajo, de la escuela o de alguna otra actividad en la que estés involucrado. Posteriormente, hazte las siguientes preguntas:

1. En este momento de mi vida, ¿cuáles considero las relaciones más significativas?
2. ¿A quién me gustaría frecuentar durante la próxima semana?
3. Piensa en un amigo o familiar al que no ves en un tiempo y pregúntate: ¿Por qué nos hemos distanciado?
4. ¿Qué personas me llenan de energía y optimismo?
5. Dile a alguien la razón por la que lo aprecias.

Dimensión emocional (E)

Las emociones son una invitación a actuar, conviven con nosotros desde antes de nacer. Nuestro organismo está programado para que cuando se presente un estímulo externo, como un peligro o la voz de los papás que escucha el bebé en el vientre, o interno, como un pensamiento o un recuerdo, se produzca una emoción que nos lleve a actuar.

Cuando percibimos algún estímulo, esta señal va directamente al cerebro y ahí se genera la emoción; hasta este momento, el proceso es involuntario. Instantes después, la emoción se registra en otra parte del cerebro que nos permite hacer algo con ella de manera voluntaria.

Las emociones por sí mismas no son ni buenas ni malas, las emociones simplemente son. Las percibimos y expresamos de manera individual y personal, lo cual está relacionado tanto con nuestro propio temperamento como con las circunstancias. Como se presentan de forma súbita, pueden salvarnos ante una emergencia o arruinar nuestra vida si reaccionamos de más. Por ejemplo, la ira desbordada puede destruir una relación, pero la misma emoción puede salvarnos del peligro.

Podemos clasificar las emociones en positivas o negativas, no porque sean buenas o malas, sino en función del bienestar o malestar que nos causan. Dado que las emociones nos llevan a la acción, es ésta la que puede llegar a ser positiva o negativa.

Está demostrado que las emociones producen cambios en el organismo y que existe una estrecha relación entre las emociones y la salud. Por ejemplo, en el caso de las emociones negativas, como ira, ansiedad, miedo y tristeza, si son intensas y prolongadas, pueden aumentar el riesgo y la vulnerabilidad a la enfermedad, empeorar síntomas o dificultar la recuperación, ya que afectan el sistema inmunológico y el cardiovascular, por mencionar sólo algunos. Por otra parte, estados positivos como la ecuanimidad, la alegría y el optimismo tienen efectos saludables sobre el organismo, amortiguan los efectos del estrés y refuerzan el sistema inmunológico.

Aun cuando las emociones sean reprimidas, encontrarán una forma de expresarse, causando síntomas en forma de enfermedades físicas, mentales, adicciones o desequilibrios de cualquier tipo. Por eso es importante identificar cada emoción, entenderla y saber qué hacer con ella. Es necesario escuchar lo que nos quiere decir, ya que nos da información que conecta nuestro interior con el exterior. El reto es aprender cómo utilizar esa información en algo productivo, es decir, con inteligencia emocional, regulando o modulando las emociones para que se conviertan en información trascendente, sin negarlas o reprimirlas.

Así como hay emociones positivas y emociones negativas, también hay dos formas de actitud hacia la vida: la optimista y la pesimista. El optimismo, al estar marcado por una tendencia a anticipar el mejor resultado posible, produce sentimientos de confianza, poder y logro. El pesimismo se inclina hacia resultados desfavorables o negativos, por lo que genera sentimientos de minusvalía e inutilidad. Con frecuencia, pensamos que, si en la segunda mitad de la vida aún no hemos logrado tener una actitud optimista, será muy difícil o hasta imposible conseguirla. Pero Seligman, basado en investigaciones, plantea la posibilidad de aprender una actitud positiva a cualquier edad.

El bienestar emocional está incompleto si faltan el sentido del humor y el juego en nuestra vida cotidiana. La sociedad actual los ha tipificado como banalidades, pérdidas de tiempo e inmadurez. Sin embargo, si aspiramos a la plenitud, es necesario integrar nuevamente la diversión y la risa en nuestra vida, sobre todo para sortear con ingenio y buena cara el mal tiempo, el estrés o las dificultades propias de la vida adulta.

El buen humor ha sido y es muy valorado por muchas culturas a través de los tiempos, debido a que se le atribuyen numerosos beneficios físicos, como brindar tolerancia al dolor, activar el sistema inmunológico y mejorar el sistema cardiovascular; psicológicos, como producir sensaciones y estados de alegría, bienestar y satisfacción, reducir el estrés y prevenir la depresión; y sociales, ya que mejora la comunicación, el orden y la armonía social.

También debemos tener en cuenta la gratitud. Solemos dar por hecho todo lo bueno que nos pasa y que tenemos. Sin embargo, ¿cómo sería tu vida si resaltaras lo positivo de cada situación y te sintieras agradecido por ello cada día? Te recomiendo llevar un diario donde agradezcas, cada noche, cinco cosas buenas (o más) que hayas vivido durante el día, sin importar su magnitud. Puede ser desde un chocolate que disfrutaste hasta una promoción en el trabajo. Las personas que lo llevan a cabo gozan de mayores niveles de bienestar, tanto físico como emocional.

LA RESILIENCIA

En la segunda mitad de la vida nos enfrentamos a diversos tipos de presiones o adversidades que nos impactan. Van desde los desastres naturales hasta guerras o accidentes en los que se pierden seres queridos o derivan en alguna incapacidad, la quiebra de una empresa o el despido del trabajo, la partida de los hijos, el divorcio de la pareja, las enfermedades, las muertes... Todos son eventos relacionados con pérdidas que debemos asumir y resolver como personas adultas. Para ello podemos echar mano de la resiliencia.

El significado de resiliencia procede de la física y se refiere a la capacidad que tienen los materiales para resistir y recuperar su tamaño y forma después de haberse deformado a causa de una fuerza o presión. Aplicado al campo de la psicología, este término se define como la capacidad de enfrentar la adversidad, salir adelante y aprender de ella. La resiliencia nos permite recuperarnos de situaciones dolorosas y seguir adelante, transformados.

Todos quisiéramos que la segunda mitad de nuestra vida fuera tranquila y libre de problemas. Sin embargo, hay que estar preparados para las eventualidades y los contratiempos. Para enfrentar lo inesperado, requeriremos desarrollar una capacidad de control interno, es decir, tener el control emocional ante lo que sucede en el exterior. Un alto nivel de control interno nos equipa con mejores habilidades para tomar decisiones adecuadas y actuar positivamente, así como a tener una buena autoestima.

Quizá sea difícil romper viejas creencias o hábitos mentales, sin embargo, cultivar la certeza de que tenemos poder sobre nuestra vida, es de gran ayuda. No podemos controlar todo, pero saber que podemos decidir y actuar positivamente alimenta nuestro bienestar emocional.

Hay habilidades que podemos desarrollar, como detectar el problema para atacar la raíz del mismo, identificar la emoción que nos produce para evitar que nos envuelva, y apoyarnos en nuestros seres queridos o en las instituciones adecuadas para cada situación. Por ejemplo, la espiritualidad es de gran ayuda, principalmente ante las enfermedades y las pérdidas, pues acercarse a un ser superior nos permite poner el problema en sus manos.

En la segunda mitad de la vida, ser capaces de darle sentido positivo a los problemas, cambiar la perspectiva y darle significado a algo malo puede resultar en algo bueno, sobre todo cada vez que nos encontramos ante la encrucijada de decidir qué problemas se pueden resolver y cuáles debemos aceptar. Y ojo: la aceptación no representa rendirse, sino que es una decisión activa y cargada de fuerza psicológica.

Ejercicio dimensión emocional (E)

Date unos minutos de tranquilidad y respira profundo. Cuando estés listo, responde las siguientes preguntas:

1. ¿Qué emociones positivas he sentido recientemente?
2. ¿Cuál de ellas me falta por cultivar?
3. ¿Qué emociones negativas he sentido últimamente?
4. ¿Cuál de ellas debo aprender a modular?
5. ¿Cómo he sorteado los momentos difíciles y qué he aprendido de ellos?

Conclusión

Después de haber revisado los aspectos que conforman el modelo SPIRE, es importante señalar que cualquier modificación en alguno de ellos impactará directamente al resto, como en efecto dominó. No importa por dónde empecemos, si trabajamos en uno, estaremos mejorando los demás. Por ejemplo, si necesitamos mejorar el aspecto físico y decidimos hacer ejercicio de manera regular en un parque, esto permitirá que nos pongamos nuevas metas al respecto (dimensión espiritual), que nuestro cerebro sea más susceptible al aprendizaje (dimensión intelectual), que conozcamos personas y que establezcamos nuevas relaciones interpersonales (dimensión relacional) y que nos sintamos bien con nosotros mismos y con nuestro entorno (dimensión emocional).

Es posible transitar por la segunda mitad de la vida, creciendo, aprendiendo y disfrutando de la madurez. La decisión está en nuestras manos. Las personas que se conectan con el deterioro empiezan a morir en vida, mientras que aquellas que ven las cosas de manera positiva, que comparten la sabiduría de sus experiencias y que tienen el espíritu para continuar desarrollándose, logran sentirse satisfechas y plenas.

El modelo SPIRE, al revisar las cinco áreas del bienestar, nos permite evaluarnos y tener una perspectiva clara, tangible y objetiva, tanto de nuestros aspectos fuertes como de los deficientes. Una vez que los conozcamos, podremos definir en qué áreas necesitamos mejorar y, con ello, tomar acciones concretas para el cambio, e incluso ser un modelo vivo para las siguientes generaciones.

El camino de la adultez joven está pavimentado y señalizado con grandes metas por cumplir, como terminar la escuela, hacer una carrera profesional o formar una familia. Sin embargo, en la segunda mitad de la vida no hay camino ni mapa que seguir. La frase de Antonio Machado, "Caminante, no hay camino, se hace camino al andar", resulta muy cierta, pues nos enfrenta con la responsabilidad de hacer nuestra propia ruta y dejar huella para otros. La segunda mitad de la vida, si estamos dispuestos y decididos, puede convertirse en un camino de bienestar, plenitud y alegría, y en la oportunidad de desarrollar nuestro máximo potencial.

Ejercicio final

Dibuja la barra de cada uno de los cinco aspectos del modelo SPIRE, calificándote a ti mismo. El resultado te dará un panorama de tus áreas más desarrolladas y aquellas en que necesitas mejorar.

Aquí hay un ejemplo:

	1	2	3	4	5	6	7	8	9	10
(S) Espiritual										
(P) Físico										
(I) Intelectual										
(R) Relacional										
(E) Emocional										

Ahora usa tu propia experiencia para evaluarte:

	1	2	3	4	5	6	7	8	9	10
(S) Espiritual										
(P) Físico										
(I) Intelectual										
(R) Relacional										
(E) Emocional										

Guadalupe Palacios García
ESTUDIANTE DE BACHILLERATO, 96 AÑOS

Me llamo Guadalupe Palacios García. Soy de un lugar que se llama Vicente Guerrero y que pertenece al municipio de Ocozocoautla, Chiapas. Tengo 96 años de edad y seis hijos. Nietos, ya ni me acuerdo. La última vez que los conté eran 62, eso fue hace cuatro años. ¿Bisnietos? No sé cuántos.

En un día normal, me levanto, lavo trastes, hago mi almuerzo y mi comida, lavo algún trapito… Me mantengo del gastito que me deja a diario uno de mis hijos. Mi nuera viene a verme casi todos los fines de semana.

Todos vivimos en armonía, muy felices, muy contentos. A la pobreza no le hacemos caso, con que tengamos para los frijolitos no nos podemos quejar. Yo no como carne de puerco ni carne de res porque hace muchos años, cuando tenía un puesto en el mercado y comía mucha carne, me dio ácido úrico y me prohibieron las carnes rojas. Sólo puedo comer pollo, pescado, frutas y verduras.

Soy una persona sana y normal. A las seis de la mañana ya estoy levantada, pongo mi agüita para el té, me voy a barrer la calle y a regar mis plantas, porque soy amante de las plantas, tengo matitas de todo.

A mí me pusieron a trabajar desde los ocho años porque no me crié con mis papás, me crié con mis abuelos, que eran pobres y agricultores, pero tenían su ganadito: becerros, vacas… Había que ayudar en las actividades del campo.

A los 13 años me casaron. ¿Qué pude disfrutar de la vida en aquel entonces, si nunca supe lo que era bailar, salir? Siempre nos tuvieron muy reservadas, así era la gente de antes.

Mis tíos eran profesores, pero en lugar de darme clases, me ponían a hacer melcochas (dulces típicos) con una tía que era de mi edad. Una las hacía y la otra las repartía. Así nos criamos, no se preocuparon nuestros papás por mandarnos a la escuela. A pesar de eso, nuestra vida fue muy alegre porque no tuvimos problemas de nada.

Mis abuelitos me enseñaron a respetar las cosas ajenas y a no mentir. Y como dicen que de la casa de los papás salen los ejemplos, entonces yo se los enseñé a mis hijos y jamás les permití tentar cosas ajenas de ningún lado, sin importar lo que fuera. Por eso trabajaron bien. En la casa no hay malos ejemplos de nada. La casa es el primer lugar de educación.

También le debo mucho a los maestros. A ellos se les debe gran parte de la formación de nuestros hijos porque conviven mucho con ellos, están la mayor parte del día enseñándoles. De ahí mi amor y mis ganas de seguir estudiando para ser maestra. Acabo de graduarme de la secundaria, estoy por iniciar la prepa y mi mayor deseo actualmente es ser educadora.

Aprovecho mi buena salud para seguir estudiando. De vez en cuando me enfermo de gripa, nada más. ¡Y qué bueno! Porque no cuento con ningún tipo de servicio médico.

A los jóvenes les diría que estudien; el estudio vale mucho, porque una persona sin estudios no consigue trabajo en ninguna parte. Lo primero que te preguntan es qué sabes hacer y si estudiaste, así que tienen que echarle ganas. Y den buenos ejemplos siempre, a los hijos, a los nietos, a las nueras, a los yernos, a quien sea.

Tanatología: educación para la vida y la muerte

Psic. Tan. Angelina del Carmen
Pacheco Chavarría

El sentido de la muerte se encuentra en la vida misma,
porque en cuanto sabemos que vamos a morir, dirigimos
nuestros esfuerzos hacia la vida, y con gran intensidad.
ELISABETH KÜBLER-ROSS

Desde hace 30 años me dedico a trabajar con pacientes en el consultorio y en los talleres de duelo. A mis 67 años, la vida y la experiencia como tanatóloga me han mostrado que no estamos educados para comprender la muerte, y que cuando llega, siempre nos sorprende. Hasta hace poco, la misión de la tanatología había sido la de curar el dolor emocional resultado de la muerte y de las pérdidas significativas. Sin embargo, hoy nos ayuda a sanar el dolor de los desencuentros que surgen entre generaciones que no saben cómo enfrentar la longevidad de sus seres queridos y la cercanía a la muerte.

¿Por qué nos da miedo la muerte? ¿Qué hay después de esta vida? ¿Por qué mueren niños y hay ancianos enfermos que continúan viviendo? ¿Cómo hacer las paces con la muerte? ¿Cómo hacer las paces con Dios? Todos estos cuestionamientos nos enfrentan con la fragilidad humana, pero también nos aportan respuestas sobre el sentido de la vida, y eso facilita el camino a una buena muerte, con dignidad y paz.

El reto del siglo XXI

En México, celebramos la muerte el 2 de noviembre con catrinas, altares y rituales. Sin embargo, el resto del año no hablamos de ella abiertamente, mucho menos hablamos de elaborar en vida y salud nuestro testamento o de lo que queremos que ocurra en nuestro propio ritual funerario. Evadir esta conversación ha hecho que sea difícil integrar la muerte al ciclo natural del ser humano vida / muerte / trascendencia.

Con trascendencia nos referimos a la necesidad de dejar huella en la vida de los seres queridos a través de valores humanos y religiosos que están más allá de las personas y del tiempo. La trascendencia es una cualidad espiritual que nos lleva a definir el sentido de vida y nuestra misión. También nos ayuda a experimentar el proceso de la muerte, a través del cual aprendemos que la vida de los seres humanos, las mascotas, las plantas, los objetos significativos e incluso los acontecimientos, tienen un inicio, un desarrollo, un final y una trascendencia.

En la actualidad, la tanatología busca proclamar la dignidad de los ancianos o enfermos que, a pesar de su deterioro físico o cognitivo, siguen siendo la misma persona hasta el último momento de la vida. En palabras de Pérez Valera: "La dignidad es algo inherente a la condición humana, cualesquiera que sean las circunstancias de la existencia. Dignidad significa la grandeza y el valor que hacen al ser humano único, irrepetible, sin copia. La dignidad es inalienable, indisociable de la humanidad misma, no depende de la existencia o carencia de determinadas cualidades que no constituyen ni suprimen el valor de la persona".

El trabajo tanatológico sintoniza el proceso de la vejez, de la enfermedad y de la muerte con los valores de la vida, ayudándonos a trascender los desencuentros familiares que nos producen la enfermedad o la cercanía a la muerte.

La tanatología es un acompañamiento psicoterapéutico que no sólo facilita el proceso de duelo ocasionado por una pérdida significativa, en "el menor tiempo posible y con el menor dolor posible", sino que también permite elaborar la posibilidad de la propia muerte. Al igual que otras especialidades multidisciplinarias del ámbito médico y psicológico, tiene un gran reto en el siglo XXI: atender a los ancianos y a sus cuidadores[1] para que puedan identificar, expresar y manejar sus emociones. Mientras algunos consideran la longevidad y sus cuidados como una oportunidad de vincularse y disponen de los medios adecuados para atenderla, hay personas que experimentan un profundo rechazo hacia ella. El nivel sociocultural o económico no es determinante en estas reacciones, como tampoco lo es el grado de funcionalidad del adulto mayor.

Ejercicio: la muerte y yo

Es importante que sepas que la sensibilización ante el misterio de la muerte la alcanzamos al contemplar la muerte del otro. Ésta también nos lleva a elaborar procesos de duelo. Te invito a recordar la primera vez que experimentaste la muerte de alguien, así como la impresión psíquica y emocional que causó. Respira profundo y, a tu tiempo, responde las siguientes preguntas:

---

[1] Existen dos tipos de cuidadores. El cuidador primario o familiar es la persona que se encarga de asistir a una persona que ha dejado de realizar las actividades básicas de la vida de manera independiente (bañarse, vestirse, usar el retrete, movilidad, continencia y alimentación), además de realizar las labores del mantenimiento del hogar; mantiene una relación directa con el adulto mayor, como el cónyuge, los hijos, los hermanos o los padres. El cuidador secundario no tiene una relación directa con la persona, puede tratarse de una enfermera, un asistente, un trabajador social, un familiar lejano o cualquier persona que labore en una institución prestadora de servicios de salud.

a) ¿A qué edad tuviste la primera experiencia con la muerte?

b) ¿Quién murió, un familiar, una mascota, un ser querido?

c) ¿Quién o quiénes te lo comunicaron?

d) ¿Qué explicación te dieron?

e) ¿Se realizaron rituales familiares? ¿Cuáles?

f) En caso de haber participado, ¿qué emoción experimentaste?

g) Si tuvieras que comunicar el día de hoy un evento similar a una persona que tuviera la misma edad que tú tenías, ¿qué harías de la misma manera y qué modificarías?

h) Cuando en tu familia o con tus amigos hablan de la muerte de una persona, ¿usan la palabra "murió" o "falleció", o dicen "se fue"? ¿O qué otra palabra utilizan?

i) Elabora una definición personal de lo que para ti es la muerte.

j) ¿Con cuál de las dos frases siguientes estás más de acuerdo?
  • Educarme para la vida es educarme para la muerte.
  • Educarme para la muerte es educarme para la vida.

Muchas gracias por tus respuestas.

Pocas veces nos cuestionamos de dónde nos viene la facilidad o la dificultad para tratar el tema de la muerte y el morir. Una posible respuesta está en esa primera experiencia que vivimos, influenciada por el inconsciente colectivo y familiar y por las circunstancias del momento. A partir de esa vivencia, construimos de manera activa el propio conocimiento, junto con la emoción correspondiente, y en la vida adulta relacionamos a la muerte —de manera inconsciente— con lo que en aquel momento experimentamos como significados emocionales y racionales para aceptarla o para rechazarla.

Repasa tus respuestas y revisa si aquella primera experiencia puede darte claridad sobre tu facilidad o dificultad para tratar el tema de la muerte y el morir.

Morir en plenitud

En el centro de los estudios de la tanatología (*thánatos*, muerte; *logos*, estudio o sentido) se encuentra el proceso de duelo que se experimenta no sólo por la muerte o ausencia de personas significativas, sino también por el amplio ámbito de pérdidas a las que estamos expuestos: de trabajo, de estatus, de prestigio, de calidad de vida, de proyectos inacabados, de funcionalidad e independencia tanto física como psicológica.

Hoy la tanatología tiene el doble reto de atender a quienes gozan de una longevidad inesperada y a los familiares que se ocupan de su cuidado, ya que éstos han tenido que modificar su propio proyecto de vida al darse cuenta de las implicaciones de cuidar y sostener, emocional y económicamente, a sus ancianos, sanos y enfermos.

En la década de 1960 la psiquiatra suiza Elisabeth Kübler-Ross introdujo en Estados Unidos un modelo terapéutico para pacientes terminales y sus familias enfocado en tratar el "dolor total" de los pacientes. La doctora fue pionera en describir detalladamente los procesos emocionales que experimentan las personas tras recibir un diagnóstico de enfermedad terminal, así como en sus últimas etapas de vida.

> Las emociones que experimentan el enfermo y sus seres queridos surgen sin orden, muchas veces de manera entremezclada: negación y aislamiento, ira, pacto o negociación y depresión. Todas ellas encaminadas a lograr la aceptación de la situación que están viviendo.

Kübler-Ross dio gran importancia a la virtud de la esperanza que experimenta el paciente y que la familia y el equipo hospitalario habrán de fomentar a lo largo de todo el proceso para ayudar al paciente a alcanzar la aceptación. Porque la esperanza pone todo en movimiento, ve y ama lo que aún no es, pero será.

Luis Alfonso Reyes Zubiría, discípulo de Kübler-Ross y fundador de la Asociación Mexicana de Tanatología A. C., señala que los dolores más grandes que existen son el de la muerte y el de la desesperanza, y que el trabajo del tanatólogo es llevar al enfermo a que viva su muerte a plenitud. "Curar el dolor de la muerte y el de la desesperanza se logra cuando la persona próxima a morir ha descubierto su trascendencia y comprendido el sentido de su vida, el de su enfermedad, el de su sufrimiento y el de su muerte", afirma el doctor Reyes.

Si hacemos memoria, hasta la primera mitad del siglo xx en México se acostumbraba que las personas murieran en su casa y ahí mismo fueran veladas, rodeadas de sus seres queridos, quienes casi siempre las habían atendido a lo largo de su enfermedad y en el momento de su muerte. Era un tiempo en el que el acompañamiento de un ministro religioso y la presencia constante del médico familiar eran muy importantes para toda la familia, tanto a lo largo del proceso de la enfermedad como en el momento último de la vida.

El promedio de vida en 1950 no llegaba a los 50 años, y la tercera parte de la población mexicana fallecía a consecuencia de enfermedades infecciosas y parasitarias. Dados los recursos médicos de la época, la muerte era una situación que no se podía evitar. Las pérdidas se suavizaban gracias a las redes familiares y sociales de apoyo, al humanismo médico y a la conciencia religiosa, que favorecían el inicio de la elaboración de duelos.

Sesenta y ocho años después los mexicanos mueren, sobre todo, por enfermedades crónicas de larga duración y progresión lenta. Por su parte, las familias se encuentran más dispersas y los abuelos están viviendo una sorprendente longevidad. La relación con los médicos es distinta, pues "en el esquema urbano y en las dinámicas de salud actuales, existe una mayor dificultad para atender, resolver y acompañar al enfermo y a su familia durante el proceso de enfermedad y muerte", señala la doctora Kraüs.

El psiquiatra George Vaillant afirma que la vejez es una conquista reciente, "pero una vez que la ciencia tomó posesión del terreno, apareció el problema —nuevo también— de no saber qué hacer con los años que se ganaron", por lo que sería muy oportuno que las nuevas generaciones fueran considerando desde hoy su propia vejez como una etapa vital.

Tres edades, una oportunidad

En el siguiente ejercicio te propongo que revises tus parámetros de vitalidad a través de tus tres edades, la biológica, la psicológica y la social. Al terminar de responder las preguntas tendrás la posibilidad de resumir, en unas cuantas frases, la proyección de tu vida. Anticiparte a lo que deseas es una buena manera de cultivar la salud y planear los cuidados adecuados para ti.

Tu edad biológica

Se refiere a la esperanza de vida que tienes por delante y a tu estado actual de salud física; de ésta se derivan ciertos planes a futuro.

- ¿Cuál es la edad promedio de vida de tus bisabuelos, paternos y maternos?
- ¿Cuál es la edad promedio de vida de tus abuelos, paternos y maternos?
- ¿Tus padres viven aún?
- ¿Cuál es la edad de tus padres?
- ¿Requieren cuidados especiales?
- ¿Quién se los proporciona?
- ¿Es la familia paterna o materna la más longeva?
- ¿Y la más sana?

- ¿Cuántos años tienes?
- ¿Cuál crees que podría ser tu esperanza de vida?
- ¿Con quiénes te gustaría compartirlos?
- ¿Tu estado general de salud es bueno, malo o regular?
- ¿Qué haces hoy para mejorarlo?
- ¿Hay algún tema de salud que requieres atender? (¡Hazlo ya!)

Imagina el futuro

- ¿Qué te imaginas haciendo dentro de cinco años?
- ¿Con quiénes te gustaría compartirlo, con tu familia, tus amigos, tu pareja?
- ¿Tienes contemplado en qué momento te gustaría cambiar de actividad, en tu trabajo, pasatiempos, deporte, estudios? ¿Qué edad tendrás? ¿Y qué es lo que te gustaría hacer diferente?
- ¿Has hecho testamento? ¿Por qué?
- ¿Has hablado con tus seres queridos de la forma como quieres ser tratado al final de tu vida: tratamientos médicos, hospitalización, cuidados paliativos, incineración o entierro? ¿Por qué?

Tu edad psicológica

Se refiere a tu habilidad para lograr modificaciones internas y externas a lo largo de la vida y dar respuestas adecuadas a las diferentes situaciones. La clave para identificar tu edad psicológica es tu capacidad de adaptación, así como las fortalezas y habilidades psicológicas y espirituales que reconoces en ti para lograrla.

- ¿Qué tan fácil o difícil es para ti adaptarte a las situaciones que se presentan en el día a día? Marca el número que expresa tu habilidad hoy (el 0 es "menor facilidad de adaptación" y el 10, "gran facilidad de adaptación").

0 1 2 3 4 5 6 7 8 9 10

- ¿En qué ámbitos te es más sencillo adaptarte? Por ejemplo, en el personal, el familiar, el social, el laboral, el deportivo…
- ¿Qué personas te apoyan en esa(s) adaptación(es)?
- Detalla las principales fortalezas y habilidades psicológicas y espirituales con las que cuentas para lograrlo.
- ¿Qué situaciones consideras que podrían representar para ti grandes retos en el ámbito personal, familiar, social o laboral, etcétera?
- ¿Cómo los resolverías?
- ¿Con quién(es) contarías?

Tu edad social

Ésta considera los distintos roles sociales que desempeñas en tu entorno. Consiste en tener "diversos matices" dependiendo del ámbito en el que te desenvuelves. El rol social que desempeñas con quienes compartiste la universidad puede ser muy distinto al que tienes en tu trabajo o en tu familia.

- ¿Cuáles son los roles que desempeñas?
- ¿Cuáles te gustan más?
- ¿Con cuáles te sientes más cómodo?
- ¿Identificas qué roles requieren de mayor esfuerzo? ¿Por qué?
- Imagina una respuesta nueva que favoreciera tu desempeño en esos roles con facilidad.

Es probable que mientras más roles sociales desempeñes, tu edad social sea más rica, ya que te habrás desenvuelto en distintos ámbitos que exigen diferentes conductas específicas de tu parte y que enriquecen tus redes de apoyo.

Espero que hayas disfrutado este recorrido a través de los diferentes aspectos de tu vida. Ojalá que te sientas agradecido con lo que has emprendido y recibido, y que estés atento a lo que falta por venir. A partir de tus respuestas anteriores, reflexiona sobre lo que ha sido la construcción de tu historia, su significado y su trascendencia.

Para concluir este ejercicio, realiza un breve escrito que exprese lo que has deseado que sea tu vida y lo que quisieras expresar de ella como resumen final. Termínalo con un epitafio (del griego *epi*, encima, y *tafos*, tumba), el texto que honra al difunto en su tumba.

La presencia de un tanatólogo

Los sistemas familiar y social contribuyen a que las personas mayores puedan continuar adaptándose con gusto a su entorno y construyendo de manera amorosa la adaptación a los cambios, sabiendo que la funcionalidad de la que gozan puede verse afectada. Un acompañamiento tanatológico puede facilitar este proceso en el adulto mayor y en su familia, estableciendo un compromiso para un envejecimiento saludable, encaminado a dar vitalidad y armonía cada día. A su vez, puede despertar en los más jóvenes el compromiso para prevenir los cuidados adecuados para su propia vejez y también para responder a las necesidades de sus ancianos.

Un tanatólogo puede facilitar los siguientes procesos, casi todos centrados en la comunicación:

1. Orienta a la familia para saber cómo, cuándo y a quiénes informar el diagnóstico médico de un ser querido con enfermedad terminal.

2. Apoya a la familia para hablar con el adulto mayor e invitarlo a que realice cambios significativos en su actividad cotidiana cuando disminuye la capacidad para realizar una vida autónoma e independiente (funcionalidad).

3. Ayuda a determinar si el paciente tiene la capacidad funcional para atenderse a sí mismo. La sinergia con un psicogeriatra de confianza resultaría ideal, ya que éste puede confirmar el grado de funcionalidad y autonomía del ser querido y, si es el caso, sugerir cambios en la dinámica cotidiana.

4. De la mano del médico tratante, brinda acompañamiento para conocer el estado de salud y las necesidades apremiantes del paciente, e involucrarse con la familia para diseñar alternativas que favorezcan cuidados adecuados a corto, mediano y largo plazos.

5. Facilita la comunicación y la toma de decisiones en el sistema familiar, ya que surgen nuevas dinámicas cuando el adulto mayor afectado se vuelve el eje central de la familia.

6. Contribuye a disminuir la angustia por la inseguridad causada por los cambios, los cuales generalmente se viven con rechazo al inicio, sobre todo cuando pierden el control de esfínteres.

Elaborar la verdad

La tanatología tiene como objetivo ayudar a recuperar la salud emocional ante una pérdida. Es una alianza terapéutica encaminada a construir respuestas nuevas que faciliten una vida de calidad. En un proceso de envejecimiento, tanto los adultos mayores como los familiares requieren ser acompañados, ya que los ajustes a su dinámica habitual habrán de compartirse.

Un trabajo tanatológico ayuda a identificar y expresar libremente emociones en un marco seguro que evite lastimarse y lastimar a terceras personas. Resulta conveniente para aprender a controlar la angustia, liberar el enojo y arrancar la culpa, emociones inevitables que dificultan la toma de decisiones y afectan la calidad de vida de los involucrados.

Es importante que los familiares afronten activamente la situación, es decir, analizando la realidad sin disfrazar los hechos, determinando quién o quiénes serán los cuidadores familiares o si se va a contratar a un cuidador secundario, si se acudirá a una casa de retiro para evitar sentir que el adulto mayor les está arrancando la propia vida, o bien, saber qué hacer cuando el diagnóstico indique una enfermedad terminal.

El diagnóstico terminal

La doctora Kübler-Ross sostiene que cuando se presenta este diagnóstico es conveniente informar al enfermo en la medida que él lo requiere, ofreciendo respuestas adecuadas a su edad y a sus preguntas. Él sabe mejor que nadie cómo se siente. Hablar con la verdad siempre debe de ser la premisa mayor; con profundo respeto a su proceso emocional y desde una actitud empática que le dé la certeza de que será cuidado y acompañado durante el proceso de enfermedad y hasta el final.

Es importante señalar que el médico y los familiares son los únicos autorizados para dar información sobre el diagnóstico y pronóstico del padecimiento. De aquí la gran importancia de la comunicación adecuada y de la alianza entre el enfermo, el médico, la familia y el tanatólogo.

Una emoción que va a matizar la dinámica familiar a partir de que se confirme el diagnóstico de enfermedad terminal será la llamada "angustia de muerte". Ésta provoca una profunda sensación de inseguridad e incertidumbre; la posibilidad real de que el otro muera en cualquier momento es vivida como una amenaza continua y una realidad interna e inquietante sobre la propia muerte.

La terapia tanatológica habrá de considerar en la dinámica familiar al enfermo y a los protagonistas principales y secundarios en toda su complejidad. Cada uno ha construido una historia diferente que ahora converge en un tema común: la enfermedad terminal y la posibilidad de morir de un ser querido. También considerará aspectos importantes, como duelos no resueltos y situaciones adversas previas al diagnóstico.

La complejidad de confrontar un diagnóstico de enfermedad terminal se matiza de lo que Luis Alfonso Reyes Zubiría llamó "emociones entremezcladas". Una reacción inicial es el shock, que combina una profunda angustia con la imposibilidad de creer la noticia (negación) y el deseo de aislarse de todo lo que está sucediendo. Enseguida aparece la frustración ante una realidad que no coincide con lo esperado y que produce tristeza o ira. La culpabilidad también se hace presente por lo que se hizo y se dijo, o por lo que se dejó de hacer y de decir. Cuando se acerca el final de la vida el enfermo vive una depresión anticipatoria que lo sumerge en un estado de paz y tranquilidad en el que irá despidiéndose poco a poco de todos y de todo. La familia podrá vivir entonces una depresión ansiosa en la que su pensamiento la lleva a despedirse y a aceptar e incluso desear la muerte de su ser querido enfermo, para que, al siguiente momento, desee que permanezca con vida y se sienta mal por haber deseado que muriera. La tanatología ayuda a aclarar y a descargar todas estas situaciones emocionales y cognitivas. Finalmente, llegará la esperada aceptación como un compromiso activo con la vida que libera de cargas emocionales ambivalentes. Estas emociones entremezcladas que implican ser elaboradas día con día son experimentadas tanto por el anciano como por sus cuidadores.

El duelo

En la elaboración de la verdad es importante llamar las cosas por su nombre, ya que los pensamientos que contienen las palabras completas y correctas propician las emociones correspondientes, con la posibilidad real de identificarlas, expresarlas y actuar en consecuencia.

La palabra *duelo* (del latín, *dolor*) es el proceso de adaptación ante una pérdida significativa que implica un trabajo doloroso. "Nuestro duelo es tan propio como nuestra vida", dice la doctora Kübler-Ross. Es frecuente que los dolientes se pregunten: "¿Por qué murió?" En ese momento es importante ayudarlos a reconocer que la vida humana reúne una gran fortaleza al lado de una gran fragilidad: enferma, se accidenta, se lastima, a veces se recupera y a veces muere.

El tipo de duelo está determinado por el tipo de muerte o de pérdida y por las características personales del doliente. En cuanto al tipo de muerte: esperada (con preparación emocional); no esperada o súbita (infarto masivo); violenta (por accidente, por crimen, por suicidio); masiva (desastres naturales); aborto espontáneo o aborto provocado; suspendida o ambigua (secuestro, desaparición del ser querido), y muerte de niños y adolescentes.

En cada caso hay que tomar en consideración el tipo de vínculo y la calidad de relación que había con la persona fallecida, así como su edad, el tipo de muerte, pérdida o separación, el historial propio en cuanto a separaciones o pérdidas y el concepto personal y familiar sobre la muerte. También se consideran todas las ilusiones, fantasías y las expectativas no realizadas que se tenían con esa persona. Éstas se consideran pérdidas simbólicas que deben ser trabajadas para sanar no sólo lo que el doliente perdió en el presente, sino también en el futuro.

> A lo largo del proceso, la tanatología busca que la persona pueda curar el dolor y recuperar la energía emocional, restablecer la continuidad de la vida para que finalmente vuelva a invertir en ella con nuevos significados. Se busca transformar la pérdida en una experiencia de crecimiento y aprendizaje que no sucede únicamente a nivel individual, sino también a nivel familiar y social.

Un gran recurso para elaborar el dolor es definir la propia misión en la vida, al tiempo que se reconoce la misión del ser querido y sus valores como marco de referencia para quienes lo amaron, destacando su trascendencia en la vida de los otros, confirmando así que el hombre es mortal, pero que su vida no se destruye con la muerte.

Cuando la espiritualidad hace suyo el valor religioso, el creyente tiene además la experiencia de Dios, que a lo largo del proceso pudo verse afectada. Sin embargo, siempre llega el momento de reconciliarse con la Divinidad y volver a abandonarse a ella para trazar, en Su presencia y con Su ayuda, el nuevo curso de la propia vida.

Es preciso saber que, entre el cuarto y el sexto mes, el dolor se hace más intenso porque ya es muy clara la ausencia de quien murió o se alejó. El primer aniversario también es doloroso. Más adelante el dolor va cambiando por una grata valoración del pasado. El tiempo de resolución del proceso de duelo es de uno a dos años, quizá un poco más, tiempo en el cual se restablece el equilibrio emocional y el funcionamiento global de la persona. Hay que tener presente que se trata de una "cicatriz de batalla" que habrá de doler en ciertos momentos, como pueden ser los aniversarios, fechas significativas o nuevos eventos de pérdida.

Según el doctor Robert Neimeyer, "cada sentimiento cumple una función y debe entenderse como un indicador de los resultados de los esfuerzos que hacemos para elaborar nuestro mundo de significados tras el cuestionamiento de nuestras construcciones, entonces, cada sentimiento cumple una función y hay que dejarlo fluir".

Tipos de duelo

En tanto que el duelo es un proceso, diferentes autores hablan de fases, etapas o tareas que hay que realizar camino a la recuperación. Todos coinciden en que es un proceso único para cada persona y que implica un compromiso y un trabajo personal para identificar y expresar las emociones que se experimentan.

En general, podemos hablar de diferentes tipos de duelo:

Duelo normal. Es necesario vivir el dolor para lograr la recuperación. Su finalidad es recuperar la energía emocional y reinvertirla en la vida con adaptación a las nuevas circunstancias y reconciliación con la realidad.

Duelo anticipado. El dolor se vive antes de que ocurra la pérdida; es una manera inconsciente de prepararse. Se anticipa a la muerte, y después de acontecida, la elaboración es más rápida.

Duelos patológicos, también llamados no resueltos, complicados o disfuncionales. Se dan cuando todas las alteraciones normales se prolongan en el tiempo. No se reinvierte en la vida. Entre ellos encontramos:
- *Duelo crónico*: el proceso queda bloqueado.
- *Negado (inhibido, ausente)*: con incapacidad para enfrentar la realidad de la pérdida, como si no hubiera sucedido.
- *Retrasado*: no se elabora el sufrimiento en su momento, surge de forma extrema posteriormente con una pérdida menor.

- *Desautorizado*: la pérdida no puede ser expresada abiertamente; la persona queda atrapada en sentimientos de culpa y vergüenza.
- *Ambiguo o suspendido*: sin elaboración adecuada; se vive cuando un ser querido ha desaparecido, como en el caso de los secuestros.

Es frecuente que, al ir elaborando el proceso de duelo, la persona experimente culpa por sentirse bien o lo viva como ingratitud y traición hacia su ser querido que murió. Saber que la recuperación consiste en transformar el dolor, adaptarse y depositar el impulso de vida en nuevas creaciones es honrar al ser querido, honor que, conforme se vaya integrando a la vida, podrá vislumbrarse de forma completa.

El recurso simbólico

Entre las diferentes formas de comunicación para lograr encuentros significativos entre las personas está el lenguaje simbólico. Se trata de un recurso primordial para la tanatología, ya que la vida y la muerte se simbolizan a través de rituales y momentos que le dan un valor especial.

> El ser humano tiene la capacidad extraordinaria
> de hacer de un objeto un símbolo y de una acción un rito.

El lenguaje simbólico es una forma de comunicación entre las personas y los objetos. Es como si las cosas comenzaran a hablar.

De acuerdo con Leonardo Boff, el lenguaje simbólico hace que las cosas se conviertan en "sujetos" capaces de hablar. Podemos oír su voz y su mensaje porque ahora poseen interioridad y corazón: se volvieron sacramentos. El sacramento es la narración de un encuentro entre un sujeto y un objeto que modifica su mundo de alguna manera. En su libro *Los sacramentos de la vida y la vida de los sacramentos*, Boff narra lo siguiente:

Existe un jarro de aluminio, de aquel aluminio antiguo, bueno y brillante. Tiene el asa rota, pero esto le da cierto aire de antigüedad. Por él han bebido los 11 hijos, de pequeños a grandes. Ha acompañado a la familia en sus muchos cambios. Del campo al pueblo, del pueblo a la ciudad, de la ciudad a la metrópoli. Se sucedieron los nacimientos. Hubo muertes. El jarro tomó parte en todo. Estuvo siempre cerca. Es la continuidad del misterio de la vida en las diferentes situaciones de vida y muerte. Él permanece siempre brillante y antiguo. Creo que cuando entró en casa, ya debía ser viejo, con esa vejez que es juventud porque genera y da vida. Es pieza central de la cocina. Siempre que se bebe por él, no se bebe agua, sino el frescor, la dulzura, la familiaridad, la historia familiar, la reminiscencia del niño ávido que sacia la sed. Puede ser cualquier agua. En ese jarro cualquier agua es siempre fresca y buena. En casa, todos los que quieren calmar la sed beben por ese jarro.

¿Por qué el agua del jarro es buena y dulce, saludable y fresca? Porque el jarro de aluminio es un sacramento.

Cuando se mira una cosa por dentro, no se concentra la mirada en ella como objeto, sino en el valor y en el significado que asume para cada uno. Deja de ser un simple objeto para transformarse en un símbolo que habla del misterio que habita en las cosas. Así, el jarro es un sacramento que da vida al beber de él.

Los sacramentos se comparten y crean lazos de unión entre las personas que los han disfrutado: el florero azul de cristal cortado, el mantel de crochet tejido por la bisabuela que adorna la mesa en Nochebuena, la casa de los abuelos con su olor a canela, el sillón café que siempre ha estado en el rincón más iluminado de la biblioteca, el ropón que cosió la tía bisabuela, el recetario de postres de mamá, la pipa de papá y su cenicero… Todas estas cosas han dejado de ser cosas; ahora podemos escuchar su voz y su mensaje. Poseen una interioridad y un corazón. Se volvieron sacramentos, son signos que contienen, que muestran, que visualizan y comunican otra realidad diferente de ellos mismos, pero presente en ellos.

La tanatología reconoce como un gran recurso terapéutico el contar con los símbolos y mitos (tradiciones) activados a través del inconsciente familiar y colectivo, ya que la capacidad extraordinaria de hacer de un objeto un símbolo y de una acción un rito, propicia la elaboración del sufrimiento.

El sacramento, la narración de un encuentro entre un objeto y una o más personas, modifica nuestro mundo de alguna manera y nos sensibiliza para tener una mirada atenta y cariñosa hacia lo que para otros es importante y significativo. Los símbolos mueven recuerdos de situaciones valiosas que son esenciales para hacer un recorrido por lo vivido y siempre agradecer. En palabras de Leonardo Boff, "los sacramentos pertenecen al corazón de la vida y a la vida del corazón"; recuerdan y hacen presentes a cada uno de los personajes que han formado parte de la propia historia y que han trascendido en ella más allá de la ausencia física.

Ejercicio: tres sacramentos para compartir

Escribe la historia de tres objetos que se han convertido en sacramentos para ti. Narra cuál es su mensaje del corazón de la vida y de vida del corazón.

El silencio

Un medio más de comunicación para la tanatología es el arte de callar. El silencio es la mejor forma de ejercitar las habilidades de escucha y entendimiento y de combatir el exceso de palabras que provoca la ansiedad.

Hay momentos en los que la comunicación profunda se da desde lo que expresa el cuerpo cuando habla: su mirada, sus gestos y su postura comunican mensajes silenciosos.[2] Un tanatólogo, por ejemplo, debe tener elaborada su propia angustia de muerte para mantener en silencio una presencia serena, ya que no hay nada más valioso que ser capaz de acompañar en silencio a quien está próximo a morir.

Para la vida y para la muerte

La tanatología difunde una cultura de la vida que queda expresada a través de la ideología de la Asociación Mexicana de Tanatología, A. C. Esta educación considera a los seres humanos de manera integral, en sus aspectos biológico, psicológico, social y espiritual, así

---

[2] Una gran película para ilustrar la comunicación a través de lo simbólico, del silencio, para mostrar el ciclo *vida/muerte/trascendencia*, y la importancia de la reconciliación con el pasado, es *Departures* (2008), cuyo título original es *Okuribito*, y en español *Violines en el cielo*, ganadora del Oscar como mejor película extranjera.

como su capacidad para amar y otorgar significado a la experiencia de vida como un camino individual y único.

1. La muerte y el miedo a la muerte son fuente de muchos problemas. Quitar estos miedos es dar vida a plenitud, real calidad de vida es nuestra primera meta.
2. El suicidio es un mal que se puede evitar. Todo suicida prefiere que se le dé una esperanza real, antes que fabricar su propia muerte. Prevención, intervención, posvención y conocer el riesgo suicida de un paciente será otra de nuestras metas.
3. El amor incondicional es un ideal asequible. Vivirlo y entregarlo, lograr que también lo vivan nuestros pacientes será la meta tercera.

Se trata, pues, de una educación para descubrir y construir un sentido personal. Vivir a plenitud es un logro que se ubica en un lapso en el que cada persona se permite reflexionar sobre lo que para ella es significativo, digno de ser amado y que conforma su historia, misma que le facilitará una muerte con dignidad, aceptación y paz.

Los que se quedan

Es normal que surjan dudas y cuestionamientos sobre cómo actuar antes, durante y después de la muerte de un ser querido. Compartimos aquí las más comunes y las respuestas que da la tanatología.

1. ¿Los niños deben de estar informados del padecimiento de un adulto mayor? ¿Es conveniente involucrarlos en los cuidados? La respuesta es afirmativa, previo diálogo sobre lo que podrán hacer y sobre los sentimientos que han experimentado a partir de que la dinámica habitual de la familia se

ha modificado. Es común que, si el tiempo de la enfermedad se prolonga, los pequeños lleguen a desear la muerte del enfermo para poder regresar a la vida normal. De ahí la gran importancia de la comunicación que la tanatología promueve en la educación para la vida.

2. ¿Es adecuado que los menores asistan a los rituales funerarios? Quienes trabajamos con niños sabemos muy bien que más allá de su edad, ellos captan lo esencial de la muerte. Se sugiere llevarlos a la funeraria un tiempo razonable en el que compartan la compañía de quienes los quieren, y establecer con ellos una clara comunicación en la que sus preguntas y comentarios tengan siempre una atenta respuesta. Hacer dibujos y dejar algún objeto significativo (sacramento) que compartieron con el difunto dentro del ataúd funciona como una muestra de afecto profundo. Participar en el proceso de despedida de un ser querido es un gran recurso para aceptar su muerte. Ver el cadáver es la confirmación de un hecho que sí ocurrió y que ha modificado el ritmo habitual de cada día.

3. ¿Es adecuado hablar con los menores o es mejor permanecer en silencio y dejar que todo pase? Es indispensable reconocer y dar nombre a los procesos y a las emociones que se experimentan ante una pérdida y saber que son normales y necesarias. El silencio o desinterés de los adultos en situaciones de pérdida propicia en los niños y adolescentes la sensación de soledad e incomprensión. Los adultos que han ofrecido un espacio para hablar de la vida y la muerte, de la misma forma como pueden hablar de alguien que está esperando un bebé, son los que han propiciado con sus seres queridos la posibilidad de considerar a la muerte como parte del proceso vida/muerte/trascendencia, y seguramente se han ido familiarizando con la posibilidad de morir en paz y aceptación cuando llegue su momento.

4. ¿Qué actitud debemos tomar ante el cadáver y los rituales funerarios? Vale la pena conservar los rituales posteriores a la defunción, como elaborar un altar en casa, guardar las cenizas o llevar flores al panteón, siempre y cuando propicien serenidad y paz interior. Llegará un momento en que ya no se requieran, y es completamente normal que así sea. Es importante reconocer que el cadáver no es el ser querido; es decir, el ser querido no está ni en el panteón ni en la cripta. Sus restos y sus cenizas ya sólo representan lo que el ser querido fue en vida. Así es que, si no visitan esos lugares, también es correcto.

5. ¿Cuándo mover las pertenencias del ser querido que murió? Es importante reconocer el peso emocional que esta tarea representa, ya que se trata también de una gran parte de sacramentos que se compartieron en vida. Cada persona sabrá el mejor momento para actuar, de ahí la necesidad de llegar a acuerdos convenientes de cómo, cuándo y con quiénes se realizará la tarea.

Dos herramientas para vivir la llegada de la muerte

La primera herramienta es vivir al día sin postergar. La armonía, la tranquilidad y la calidad de vida y de muerte se alcanzan más fácilmente cuando se han cerrado círculos. Otra manera de verlo es pensar en la vida como una travesía: ¿cómo podemos disfrutar más de un viaje si no es ubicando el lugar en un mapa, conociendo su historia, sus costumbres, sus rituales y su cultura? Lo mismo sucede con la muerte. Al final, siempre habrá de llegar.

La tanatología destaca la importancia de resolver a tiempo los asuntos pendientes tanto legales (testamento y documento de voluntad anticipada) como afectivos (perdón a sí mismo y a los otros; y si es el caso, reconciliación), espirituales (valores propios y creencias religiosas) y materiales (clara información del patrimonio construido y documentos legales en orden).

Hay que pensar en resolver a corto plazo los asuntos pendientes y, al mismo tiempo, considerar los apoyos médicos que se desean en caso de enfermedad, expresar si se desea ser hospitalizado o no y confiar en que quienes nos atiendan sabrán respetar los acuerdos. Debemos considerar también un lugar para depositar los restos, ya sea un entierro o una cremación, y los rituales funerarios.

La segunda herramienta es la reflexión. ¿Has pensado en el significado del final de tu vida? No temas, es una invitación a apasionarse con la vida y a vibrar con lo que significa estar vivos. Al revisar la dirección de la muerte y de la vida, las insertamos en el ciclo natural de vida/muerte/trascendencia. Para acabar de perderle el miedo, primero tenemos que pensarla, después pronunciar su nombre completo y por último compartirla, hablar de ella. Si es necesario, también llorarla para finalmente aceptarla, porque llevarla en silencio complica el proceso adecuado de elaboración, ya que la palabra verdadera es el mejor medio de serenar la mente y el espíritu. Los demás siempre pueden ayudar, sobre todo en un momento de dolor y sufrimiento. Cuando podamos hablar de la posibilidad de morir con serenidad y naturalidad, habremos dado un gran paso.

Ejercicio: definiendo una buena muerte

Tómate un respiro y, cuando te sientas tranquilo, responde por escrito a las siguientes preguntas. Hazlo con libertad, no hay respuestas correctas o incorrectas:

- Para ti, ¿en qué consiste el ciclo vida/muerte/trascendencia?
- ¿Qué es para ti una buena muerte?
- ¿Cómo te gustaría morir?

El acompañamiento a nuestros ancianos longevos

> El desarrollo interior de la persona termina
> hasta el final de sus días.
> ERIK ERIKSON

Hay momentos en que las personas mayores con quienes compartimos la vida nos sorprenden de manera muy agradable. Usando palabras inspiradas en la antropóloga Clarissa Pinkola Estés, pareciera que nuestros ancianos tienen una doble naturaleza, un ser exterior y uno interior que, cuando aparece, deja una sensación de algo sorprendente, original y sabio. Uno contento y otro nostálgico o agresivo; a menudo uno es más feliz y elástico, mientras que el otro anhela "no sé qué". Sin embargo, no deja de ser "mi ser querido en uno", con esos nuevos elementos separados pero unidos que se combinan en su mundo interno y en su psique de mil maneras distintas. Tener esto presente facilita la empatía y la generosidad en la relación.

Hay cinco herramientas básicas que nos permiten acompañar mejor a los adultos mayores: la escucha, la contención, la comprensión, la confianza y la conexión.

La escucha. Es necesario comprender las pérdidas que experimentan: las modificaciones de su imagen corporal, el alejamiento y defunciones de la familia de origen, la partida de los hijos y los nietos, la pérdida de salud, de autonomía, la viudez, las redes sociales de apoyo que se pierden con la jubilación y, en las empresas familiares, el desplazamiento que han hecho los jóvenes de las personas mayores, con mucho mayor dolor si ha sido inesperado y violento. Estas situaciones provocan un sentimiento de tristeza y de pérdida de pertenencia.

La contención. Hay que escuchar su historia y ofrecerles contención para evitar que lleguen a experimentar desesperanza y depresión, que, sumados a una salud precaria, fallos auditivos o visuales y sensación de rechazo, los podrían impulsar a cometer suicidio como una solución a su desesperanza. Hay que estar atentos a síntomas que hagan pensar en un "suicidio silencioso": no se apegan al tratamiento médico, dejan de comer, abandonan las prácticas de higiene y adoptan actitudes agresivas.

La comprensión. Ésta propicia empatía y compasión. Se sugiere hacer preguntas directas, en un diálogo franco y sincero, como: "¿Hay algo que pueda hacer para que tu vida sea mejor?" También valdría la pena considerar su gusto por actividades que aún puedan realizar, por las plantas y por las mascotas, por ejemplo, como un medio de ofrecer compañía incondicional, o bien, buscar casas de medio día, grupos de apoyo o instituciones de internamiento.

La confianza. Hay adultos mayores que aun en la enfermedad pueden expresar sus deseos y necesidades con toda claridad, pero hay otros que evitan hablar del tema. En cualquier caso, es recomendable contar una persona de su entera confianza a quien le hayan informado de sus asuntos personales, para el día que ya no puedan o ya no quieran hacerse cargo.

La conexión. Las redes de apoyo conformadas por sus contemporáneos también se vuelven frágiles debido al deterioro cognitivo, la enfermedad y la muerte, situaciones que provocan nuevas pérdidas y que los enfrentan a la posibilidad de morir. A pesar de ello, habrá que intentar mantener vivas sus redes sociales con encuentros frecuentes entre amigos y, de ser posible, con la presencia de algún familiar de la siguiente generación. Acudir a los servicios religiosos, procurar su música favorita, salidas a lugares arbolados, por ejemplo, así como demostrarles cariño y cuidado, los mantendrán conectados con su identidad y con proyectos que fortalezcan su esperanza.

En suma, la mejor herramienta para acompañar a nuestros queridos viejos es la comunicación, pues nos permite aclarar situaciones y expresar sentimientos. Para que cuando llegue el final de su vida lo puedan vivir con agradecimiento, plena aceptación, dignidad y paz.

La pérdida de la imagen parental

La imagen corporal y la apariencia física influyen en la construcción de nuestra personalidad y en el valor que damos a las personas y a nosotros mismos. La imagen corporal es la representación del cuerpo que cada persona construye en su mente y la vivencia que tiene del propio cuerpo; es el modo en que uno se percibe, imagina, siente y actúa respecto a su propio cuerpo. La apariencia física es la primera fuente de información en la interacción social: ciertos rasgos nos causan rechazo, y otros, atracción.

En nuestra dinámica social, la autoridad se reconoce más fácilmente en quienes tienen una apariencia sana y dinámica y que cuentan con agilidad y destreza mental para resolver la vida. Estas características están asociadas a la juventud y propician la sensación de seguridad y pertenencia. Cuando los adultos mayores, especialmente nuestros padres, pierden estos rasgos, experimentan rechazo y toda la familia entra en duelo.

El duelo por la pérdida de la imagen parental está relacionado con el apego. El psicoanalista John Bowlby lo define como "cualquier forma de conducta que tiene como resultado el logro o la conservación de la proximidad con otro individuo claramente identificado *al que se considera mejor capacitado para enfrentarse al mundo*. Esto resulta sumamente obvio cada vez que la persona está asustada, fatigada o enferma, y se siente aliviada en el consuelo y los cuidados".

Aceptar que nuestros viejos dejaron de ser los mejor capacitados para enfrentarse al mundo implica que la siguiente generación haga un cambio interior. Esto comienza por identificar el tipo de vinculación que se tiene con ellos y, desde su modelo interno, reconocer sus reacciones hacia sus padres ancianos.

Para elaborar de manera adecuada este duelo, los hijos tienen que seguir reconociendo el lugar que les corresponde a sus padres. La diferencia es que ya no pueden ejercitar su rol parental como lo hacían en otro tiempo y requieren ser atendidos con compasión y empatía. No hay que excluirlos del sistema familiar ni considerarlos como niños, al hacerlo se ofende su dignidad y se altera el orden familiar.

En estos casos, la tanatología sugiere la elaboración de una nueva imagen parental. El modelo de William Worden plantea acciones concretas que no se siguen de un modo lineal, sino que se experimentan en el día a día:

1. Aceptar la realidad de la pérdida.
2. Experimentar las emociones y el dolor que suscita.
3. Adaptarse a la nueva situación.
4. Retirar la energía depositada en la imagen parental original.
5. "Recolocar" a nuestro ser querido en la vida que ahora tiene.
6. Depositar la energía en nuevos vínculos.

Este modelo es especialmente útil cuando se experimenta rechazo ante un ser querido envejecido. Aunque nosotros no lo sintamos, saber cómo funciona y cómo puede trabajarse puede restaurar la armonía de la dinámica familiar.

1. Aceptar la realidad de la pérdida

Se trata de una "nueva orfandad": los padres permanecen con vida, pero ya no ofrecen a nivel psicológico y emocional la contención, pertenencia y seguridad que ofrecían. Es común que el familiar experimente en ocasiones cierta sensación de irrealidad y piense "no es posible que esté pasando esto". Sumado a una reacción de desagrado hacia la apariencia física y las capacidades cognitivas y motrices disminuidas: conversaciones repetitivas, errores en el habla, dificultad para ingerir alimento, movimientos involuntarios, sonrisa estereotipada, mal olor, etcétera.

Intervención terapéutica. Cuando la mente pueda reconocer la realidad de una nueva manera de estar en el mundo para los ancianos, se habrá iniciado el camino a la aceptación. En cada una de las tareas se realizará un ritual de agradecimiento al anciano, según el tipo de vinculación que tenga con quien esté en el proceso psicoterapéutico.

2. Experimentar las emociones y el dolor que suscita

Lo primero es reconocer la propia debilidad e impotencia para lidiar de forma adecuada con la imagen parental deteriorada. Hay que identificar las emociones que mayor malestar provocan: asco, dolor, temor, enojo, aburrimiento, culpa, ambivalencia, impotencia, desamparo. Es común que los ancianos nos sirvan de espejo y nuestro temor más profundo sea llegar a estar como ellos, sobre todo en el caso de deterioro cognitivo. Se trata de reacciones normales de duelo.

Intervención terapéutica. Las emociones que predominan entre todas las demás son el enojo, la culpa y la ambivalencia, provocando una depresión ansiosa, en la que se espera y desea la muerte del ser querido, al mismo tiempo que se experimenta arrepentimiento por dar cabida a estos pensamientos. La culpa se hace presente provocando el sentimiento de ser una persona "malagradecida" y un "mal hijo". De ahí la gran importancia del acompañamiento tanatológico, ya que la culpa provoca reacciones inconscientes, como la autoexclusión del sistema familiar, y conductas de autoagresión y agresión a los demás, que hacen más complicado el proceso de duelo. La posibilidad de expresar en un proceso psicoterapéutico el malestar emocional sin recibir juicios, así como identificar las creencias limitantes y las actitudes que, sobre la juventud, la vejez, la belleza, la productividad, el peso corporal, o la fealdad del cuerpo se aprendieron en casa, en la escuela, en la sociedad, ofrecen claridad sobre las reacciones que se experimentan en el presente.

3. ADAPTARSE A LA NUEVA SITUACIÓN

Identificar las reacciones cognitivas, afectivas y conductuales tanto de su ser querido como de él mismo en el vínculo que han establecido.

Intervención terapéutica. Recordar cuando la persona tenía 5 o 6 años. Es la etapa de identificación en la que el niño imita las actitudes y la manera de vestir de sus padres. Buscar en el recuerdo una imagen con ellos que le provoque un sentimiento agradable. Continuar recordando otras imágenes en otras etapas: a los 15, a los 20, a los 25, a los 30, 40, 50 años y hasta la última imagen agradable antes de experimentar el malestar que hoy se desea transformar. Mantener en la mente la imagen más significativa de las encontradas y agradecer a sus padres la vida, valorando el pasado en el que estaban bien. En ese punto es el momento de reconocer que se pueden hacer las paces con el pasado, desde un cambio profundo que permitirá al más joven acercarse a conocer y respetar el ritmo de la vejez. Otras prácticas sugeridas:

- Visualización: imaginar que puede permanecer con su ser querido sintiéndose tranquilo, para lo que habrá de practicar la relajación y respiración que propician el manejo adecuado de los síntomas ansiosos. En caso de mal olor, es conveniente contar con un pañuelo de tela perfumado.
- Aproximación sucesiva: tener control del tiempo que permanecerá con su ser querido, iniciar por el tiempo menor e ir aumentando de acuerdo con su reacción.

La finalidad de esta acción es lograr el perdón y la reconciliación a mediano plazo, así como el reconocimiento de los propios motivos y facultades instintivas (perspicacia, intuición, resistencia, capacidad de amar con tenacidad, aguda percepción, previsión) que habrán de facilitar la adaptación.

4. RETIRAR LA ENERGÍA DEPOSITADA EN LA IMAGEN PARENTAL ORIGINAL

Dejar de desear que las cosas sean como eran en el pasado. La añoranza nos aleja de la aceptación.

Intervención terapéutica. Consolidar los ajustes internos y externos que se requieren para retirar la energía de la imagen parental original. Intentar el contacto físico con el anciano si a éste le agrada; los abrazos y las caricias propician la reconciliación.

5. "RECOLOCAR" A NUESTRO SER QUERIDO EN LA VIDA QUE AHORA TIENE

Aceptar que la vida llega a su final cuando es su momento, y que no es conveniente para nadie practicar "eutanasias psicológicas" que provocan dolor y propician la frustración.

Intervención terapéutica. Trabajar para lograr la disposición interna que nos permita ver en el cuidado a los ancianos una oportunidad de agradecimiento y servicio, buscando nuevos significados. Incorporación de la nueva imagen parental. Es conveniente iniciar con empatía hacia ellos, por ejemplo:

- Compartir incondicionalmente, durante unos momentos, el gusto del anciano: ver una y otra vez su película favorita, los partidos de futbol, escuchar sus canciones, etcétera. Que el tiempo de permanecer a su lado propicie un acercamiento físico y emocional.

- Escoger temas de conversación que expresen acontecimientos que compartieron en la vida y fueron agradables. Reconocer su valor de trascendencia.

6. Depositar la energía en nuevos vínculos

Al lograr la disposición interna se pueden buscar redes de apoyo para facilitar los cuidados, así como actividades recreativas que propicien la salud emocional del anciano y del cuidador familiar.

Intervención terapéutica. Destacar la importancia de continuar con una vida de interés y con sentido.

Cuando se acerca el final

El anciano próximo a morir tiene necesidades que espera sean satisfechas por quienes lo aman:

- Sentirse en un ambiente adecuado, afectivo, claro y positivo.
- Ser escuchado.
- Recibir el tratamiento médico conveniente hasta cuidados paliativos.
- Recibir manifestaciones de apoyo y de cariño.
- Recibir compañía continua el tiempo que dure su agonía.

Estos momentos permiten cumplir el último de los derechos del paciente: "El paciente tiene derecho a morir con dignidad, tan confortable y apaciblemente como sea posible".

Cuando la muerte se aproxima, no hay tiempo suficiente, por lo que la intervención tanatológica habrá de orientarse en lo que significa este momento trascendente y concentrar la atención de quienes acompañan al ser querido moribundo en lo que dice y calla su voz interior. La presencia de un tanatólogo sirve de catalizador para mitigar la angustia de muerte y para propiciar la comunicación, como una oportunidad de pronunciar lo que vale la pena repetir o que no se ha expresado aún: palabras amorosas de perdón y agradecimiento previas a la misteriosa generosidad de la entrega definitiva del final de la vida.

Para estos momentos, debemos tener presentes los rituales de vida/muerte/trascendencia que son significativos para el ser querido (presencia del ministro religioso, oraciones, sacramentales, lecturas, música, veladoras), porque éstas acrecentarán su paz interior. Es importante confiar en que el ser querido próximo a morir sabrá de quiénes dejarse acompañar para recibir el instante de su muerte con aceptación, dignidad y paz.

Habrá miembros de la familia que deseen permanecer con él y estar presentes en el momento mismo de la muerte, y quienes prefieran no hacerlo. Esta última elección es completamente válida y favorece la tranquilidad de todos. Acompañar la vida de un moribundo es un privilegio que requiere de presencia serena, de gestos y palabras pronunciadas en el momento oportuno y de manera adecuada, o bien, del silencio amoroso. Y cada uno sabe lo que puede ofrecer.

Después del final

La llegada de la muerte siempre tiene efectos sorprendentes para cada persona que la comparte. De ahí la importancia de permanecer un tiempo razonable con serenidad, en compañía de los seres queridos, tal vez al lado del difunto elaborando lo vivido. Para facilitar estos momentos posteriores al fallecimiento, y como un medio eficaz de controlar la ansiedad, es conveniente designar con anticipación a una persona de confianza para que realice los trámites iniciales: obtener el certificado de defunción, llamar a la funeraria contratada con anterioridad, contactar a un ministro religioso en caso de ser personas creyentes, y tener dispuesto el lugar para el entierro o el depósito de cenizas. Por último, una lista con nombres y teléfonos de personas cercanas a quienes se quiere avisar del fallecimiento.

El proceso de duelo de cada una de las personas que se vincularon con el anciano que acaba de morir se irá elaborando con una posibilidad real de recuperación, que se verá fortalecida gracias al amor, la generosidad y la compasión que se ofrecieron en vida.

Apéndice

1. LEY DE VOLUNTAD ANTICIPADA Y DONACIÓN DE ÓRGANOS

El reglamento de la Ley de Voluntad Anticipada para la Ciudad de México, publicado en la *Gaceta Oficial del Distrito Federal* el 4 de abril de 2008, es una real posibilidad de preservar en todo momento la dignidad de la persona y la calidad de vida de quienes se encuentran en etapa terminal y no desean recibir medidas extremas. Esta ley ofrece al enfermo en etapa terminal los cuidados paliativos y, en su caso, la sedoanalgesia controlada, así como el tratamiento tanatológico para el enfermo y sus familiares, buscando el alivio del sufrimiento físico y psicológico del paciente.

El documento de Voluntad Anticipada puede ser suscrito ante notario público en cualquier momento, aun sin tener diagnóstico de enfermedad terminal o mediante el formato que se elabora de manera gratuita en los hospitales públicos y privados de la Ciudad de México.

Otro gran tema que se considera en el formato de Voluntad Anticipada es la donación de órganos y tejidos (artículo 36). A través de la campaña "Héroes por la vida" se promueve la donación de órganos y tejidos para trasplantes, y se busca concientizar e informar a la población sobre la importancia y la trascendencia de la donación: "Nuestra meta es que cada día haya más donadores, para que las personas que están a la espera puedan ser trasplantadas".[3]

Respecto de estos dos temas, la doctora Kübler-Ross nos regala una frase que suaviza y da una perspectiva diferente de la muerte y el morir: "Para aquellos que se esfuerzan por comprender la muerte, ésta representa una fuerza altamente creativa. Los valores espirituales más elevados pueden desprenderse del estudio y de la reflexión sobre la muerte. La muerte no tiene por qué ser un fenómeno catastrófico y destructivo. Más bien se puede considerar constructiva, positiva y creativa de la cultura y de la vida".

2. Eutanasia y suicidio asistido

El ser humano del siglo XXI tendrá que definirse, tarde o temprano, frente a estos dos temas. Aquí presentamos las definiciones clásicas y las más recientes sobre el tema, con la única finalidad de aportar claridad en el uso adecuado de los conceptos y como una invitación a estudiarlo a profundidad.

La palabra *eutanasia* viene del griego *eu*, bien, y *thánatos*, muerte: buena muerte. La definición de Pérez Valera es bastante clara: "Es la acción positiva y directa, o la omisión dolosa, que por motivos de piedad provoca la muerte de un enfermo moribundo, desahuciado, o con grave deformación permanente, con o sin la petición o consentimiento de la víctima". Reyes Zubiría la complementa así: "Para hablar de eutanasia y no de asesinato, tenemos que encontrar en la acción dos condiciones: que el acto se aplique solamente a un enfermo con un padecimiento incurable e irreversible, y que la intención de quien lo realiza sea la piedad: acabar para siempre con todos los sufrimientos del paciente".

Éstas son las dos divisiones clásicas de la eutanasia:

Atendiendo al modo como se realiza, por acción u omisión:

---

[3] www.heroesporlavida.org.

- Eutanasia activa, o positiva: se da cuando se produce una acción encaminada a procurar la muerte de la persona.
- Eutanasia pasiva o negativa: se trata de la renuncia a la prolongación artificial de la vida dentro de un proceso de fallecimiento, y de ayudar a morir humanamente.

Atendiendo al modo como se realizan acciones directas o indirectas:

- Eutanasia directa: cuando se busca deliberadamente provocar la muerte.
- Eutanasia indirecta: cuando el tratamiento terapéutico y analgésico que busca darle calidad al paciente pudiera acortar la vida.

Existe una nueva terminología:

Distanasia (del griego *dis*, dificultad u obstáculo, y *thánatos*, muerte). Contempla la agonía prolongada. Práctica que tiende a alejar lo más posible la muerte, utilizando para ello medios ordinarios y extraordinarios. También se conoce como encarnizamiento terapéutico.

Adistanasia (*a*, privativa, y *thánatos*, muerte). No poner obstáculos a la muerte. La adistanasia respeta el proceso natural del morir. El nombre anterior era eutanasia pasiva o negativa.

Ortotanasia (del griego *orthos*, recto, y *thánatos*, muerte). Muerte recta, la que contempla una muerte humana basada en cuidados paliativos y clínica de dolor.

Por último, la definición de suicidio asistido o auxilio al suicidio. Es la acción de una persona que sufre una enfermedad irreversible, para acabar con su vida, y que cuenta con la ayuda de alguien más que le proporciona los conocimientos y los medios para hacerlo. Cuando la persona que ayuda es el médico, hablamos de suicidio médicamente asistido.

Arturo Lona Reyes
SACERDOTE, 92 AÑOS

Nací en Aguascalientes el 1º de noviembre de 1925, pero soy oaxaqueño de corazón. Me ordené en el sacerdocio en agosto de 1952, y en agosto de 1971 me consagraron obispo de Tehuantepec, aunque en 2001 renuncié.

Ya tengo unos cuantos añitos en estos menesteres. He sido presidente de la Comisión Episcopal de Indígenas y fundé el Centro de Derechos Humanos Tepeyac de Tehuantepec. Ésa es mi pasión: acompañar a los indígenas, abogar por sus derechos, por sus libertades, por ellos, con ellos siempre. De ahí me viene el sobrenombre de *Obispo de los pobres*. De hecho, en 2008 me otorgaron el XVI Premio Nacional de Derechos Humanos "Don Sergio Méndez Arceo", como "reconocimiento a toda una vida entregada a la defensa y promoción de los Derechos Humanos de los pobres e indígenas de Huejutla, Hidalgo, y Tehuantepec, Oaxaca".

De salud me siento bien, con algunos achaques propios de la edad que para nada aminoran mi ánimo ni mis ganas de seguir ayudando. Viajo, camino, voy y vengo solo o acompañado; tengo reuniones, oficio misas, como con amigos y realizo mis actividades normales.

Siempre he comido muy bien y de todo; los manjares del campo son magníficos. Amo la naturaleza, me gusta contemplarla y camino mucho también, siempre al lado de los más necesitados. Yo creo que eso es lo que me mantiene vivo y fuerte.

Sonrío mucho y soy alegre, no me gusta la gente hipócrita ni juntarme con "pentontos", me gustan los amigos sinceros e inteligentes para aprender de ellos. He sufrido ya 12 atentados, justo por el trabajo con las comunidades indígenas, pero Dios me cuida y me quiere, sabe que mi lucha es franca y honesta. Lo más hermoso es servir. Cuando veo mi iglesia llena de feligreses, me siento contento, agradezco el cariño de la gente.

La edad sólo es un número, lo importante es cómo nos sentimos y cómo actuamos. A mis 92 años puedo decir que lo que se siembra se cosecha; sembré cariño, sembré comprensión, y eso es justo lo que estoy cosechando, siempre encuentro una mano amiga que estrechar a donde quiera que voy.

Mi mensaje es que tengan siempre esperanza, que ayuden al prójimo, que el pueblo sea escuchado y que venga un verdadero cambio social. Siempre digo que el pueblo necesita las tres *T*: trabajo, techo y tierra.

Mi vida no ha sido en vano. Estoy contento con lo que he hecho, aunque sé que falta mucho por hacer y estoy dispuesto a seguir con esta lucha mientras Dios me preste vida.

¿El asilo o mi casa?
Cómo escoger servicios de asistencia

Dr. Alberto de los Ríos Torres

En México no existían los modelos de cuidado y de servicios para adultos mayores que hay ahora. Antes, cuando una persona requería asistencia, sólo tenía dos opciones: el asilo o quedarse en casa esperando que un miembro de la familia cubriera su carencia. Esta situación ha cambiado. Hoy en día las familias tienen menos integrantes, los fenómenos migratorios han descentralizado a las familias, generando un mayor número de hijos periféricos o que viven en otros estados o países, y los participantes han adquirido roles laborales activos. Como resultado, el adulto mayor queda aislado y solo.

Hoy es evidente la necesidad de proyectos y servicios de asistencia para quienes, en su envejecimiento, han tenido complicaciones médicas, funcionales o sociales que limitan su desarrollo y bienestar. De acuerdo con la Encuesta Nacional de Salud y Nutrición (Ensanut) de 2012, una cuarta parte de los adultos mayores requiere asistencia para realizar alguna actividad de la vida diaria, proporción que se incrementa conforme aumenta la edad.

A veces nos cuesta trabajo reconocer cuando un adulto mayor necesita asistencia. ¿Podemos diferenciar lo normal de la enfermedad, lo esperado de lo inesperado? ¿Sabemos cuándo ya no existe la capacidad para realizar una tarea cotidiana, o cuándo el riesgo de realizarlo invita a pensar que sería mejor tener ayuda? ¿Qué tipos de asistencia y servicios existen y, sobre todo, cuál es el más adecuado para mí o mi familiar? En este capítulo encontraremos información para comenzar a responder a estas y otras preguntas sobre la asistencia que requieren los adultos mayores.

¿Cómo saber cuándo un adulto mayor requiere de asistencia?

En México, la probabilidad de que un adulto mayor tenga contacto con un geriatra es muy remota, ya que la cantidad de especialistas es insuficiente para el número de adultos mayores. Lo más viable es educar al adulto mayor y a su familia acerca del envejecimiento y darle la información necesaria para orientarse al momento de solicitar asistencia o buscar una residencia o asilo.

El primer paso es observar si el adulto mayor es independiente y autónomo en su cuidado, si requiere asistencia o si ha dejado de realizar alguna actividad que antes hacía. Las actividades a través de las cuales determinamos la funcionalidad e independencia de un adulto mayor se conocen como actividades de la vida diaria, que a su vez se dividen en dos grandes grupos: actividades *básicas* de la vida diaria (ABVD) y actividades *instrumentadas* de la vida diaria (AIVD). Ambas forman el conjunto de funciones que aprendemos en nuestro desarrollo.

Las ABVD son inherentes al individuo y se aprenden durante el desarrollo. Su finalidad es satisfacer necesidades básicas y, por lo general, son las últimas capacidades de autonomía que se pierden. Las presentamos a continuación, acompañadas de una pregunta y una respuesta guías:

1. *Baño*. ¿Requiere asistencia para bañarse? Requiere ser lavado por alguien más en diversas áreas de su cuerpo.
2. *Vestido*. ¿Requiere asistencia para vestirse? Más de una prenda tiene que ser colocada por un tercero.

3. *Transferencia*. ¿Requiere asistencia para movilizarse? Sí, para pararse de una silla y cambiarse de una habitación a otra.

4. *Continencia*. ¿Existen pérdidas involuntarias en cualquiera de los esfínteres? Hay pérdidas de orina o fecales sin que las controle.

5. *Aseo*. ¿Requiere asistencia para ir al sanitario? Ya sea para llegar hasta el sanitario o en algún punto del proceso.

6. *Alimentación*. ¿Requiere asistencia para comer (incluyendo cortar los alimentos)?

En caso de responder a dos o más preguntas de forma afirmativa, existe dependencia funcional, por lo que nuestro proceso de búsqueda debe de centrarse en los servicios que garanticen la asistencia en estos ámbitos.

Las AIVD se desarrollan en lo social y permiten realizar la vida con mayor facilidad. Son actividades aprendidas de uso común en una cultura y suelen ser tareas más complejas. Entre las principales, mencionaremos ocho. Aquí las presentamos acompañadas de una pregunta guía:

1. *Transporte*. ¿Es capaz de salir de su casa y utilizar algún transporte para desplazarse? Incluye el manejar o utilizar medios de transporte propio o usar transporte público.

2. *Medicamentos*. ¿Puede llevar el control de sus medicamentos en cuanto a tiempos, horarios y toma de los mismos?

3. *Teléfono*. ¿Requiere asistencia para realizar o recibir una llamada telefónica?

4. *Finanzas*. ¿Es responsable de llevar sus papeles, realizar trámites y estar al pendiente de pagos y compromisos?

5. *Compras*. ¿Requiere asistencia para realizar una compra o manejar dinero?

6. *Actividades del hogar*. ¿Es capaz de realizar actividades del cuidado del hogar, como barrer, por ejemplo?

7. *Cocina.* ¿Puede preparar sus alimentos por sí solo?
8. *Lavandería.* ¿Se encarga del mantenimiento y lavado de su ropa?

Después de conocer las actividades en las que se requiere asistencia, es importante identificar el motivo que impide realizarlas. Puede ser que el ambiente no sea el adecuado. Por ejemplo, si el adulto mayor tiene problemas en las articulaciones y tiene que subir o bajar escaleras para llevar a cabo sus actividades, se verá limitado o excluido. Imaginemos que el adulto mayor vive solo y tiene una caída en casa, no puede incorporarse por sí solo y pasa mucho tiempo sin poder ser auxiliado. La incertidumbre de que esto vuelva a ocurrir genera mucho estrés para el adulto mayor y su familia.

En otros casos, cuando el adulto mayor pasa por enfermedades, cirugías u hospitalizaciones tiene una disminución temporal en sus capacidades, por lo que es importante contenerla para favorecer su recuperación y que mantenga su autonomía. Quizá el evento más retador para las familias sea reconocer cuando el adulto mayor deja de realizar actividades por problemas de memoria o de alguna función cerebral, ya que esto requiere un grado importante de conocimiento acerca de lo que es normal y lo que no es normal en el envejecimiento. Esa información puede encontrarse en este libro, en el capítulo "El fantasma del deterioro cognitivo".

Tras reconocer qué necesidad requiere asistencia, su causa, el tipo de cuidado y si es una situación temporal o progresiva, podemos categorizarla según el tipo de intervención, periodicidad y servicio. Por ejemplo:

- *Actividad específica*: "Ya no cocino y me gustaría recibir alimentos saludables preparados".
- *Horario específico*: "Durante el día, mi familia sale a trabajar y me quedo solo en casa".
- *Necesidades específicas*: "Requiero asistencia para movilizarme, caminar o para tomar mis medicamentos".

- *Condiciones de vivienda específicas*: "Vivo en un lugar que no tiene las condiciones físicas o sociales suficientes para mi cuidado".

¿Cómo platicar en familia acerca del tema?

Cuando nos percatamos de que algún miembro de nuestra familia o nosotros necesitamos de asistencia o de algún servicio específico, lo mejor es tomar la decisión con calma y estando informados. Es importante que la selección de la asistencia esté centrada en las necesidades del adulto mayor. Partiendo de ahí, y siempre que las condiciones lo permitan, debemos preguntarnos o preguntarle al adulto mayor si desea ese servicio. Si la respuesta es afirmativa, podemos continuar con nuestro proceso de búsqueda y selección. Si es negativa, es importante explorar por qué. La mayoría de las veces se debe a mitos, ideas erróneas e interpretaciones sociales.

> Es importante que la selección de un servicio de asistencia esté centrada en las necesidades del adulto mayor. Partiendo de ahí, y siempre que las condiciones lo permitan, debemos preguntarnos o preguntarle al adulto mayor si desea ese servicio.

Cuando encontremos la negativa de un adulto mayor a recibir asistencia, hay que tener en cuenta los cambios demográficos mencionados al inicio de este capítulo. Tal vez la idea que el adulto mayor tiene de la asistencia no es la más agradable (tal vez le hace recordar la percepción negativa que se tiene de los asilos) y, por lo tanto, espera que el cuidado provenga de un miembro de su familia, como históricamente se había hecho.

Al platicar en familia acerca del tema, hay puntos fundamentales que deben de ser cubiertos:

- Lograr que todos vean la necesidad de asistencia en las actividades de la vida diaria. Es útil dar ejemplos o mencionar los momentos cotidianos en los cuales no se ha podido realizar la actividad, así como los riesgos o accidentes que resultaron por no tener asistencia.

- Aclarar los roles familiares actuales para determinar si existe en la familia algún miembro disponible e interesado en realizar dicha asistencia y, en caso de que la respuesta sea negativa, dar alternativas. Es importante ser cuidadosos para evitar que el adulto mayor tenga la sensación de ser una carga para la familia.

- Reconocer que nuestros conocimientos sobre el tema son limitados. Aceptarlo y verbalizarlo permitirá reconocer la necesidad de capacitarnos o de buscar apoyo para cubrir dicha carencia. Esto también ayuda al proceso de aceptación del adulto mayor.

Los modelos de asistencia

En los últimos años se ha impulsado el desarrollo de nuevos roles de cuidado en las familias y la creación de nuevos modelos de integración social, como programas sociales y de asistencia, tanto gubernamentales como no gubernamentales y privados. Como veremos a continuación, la gama de opciones es amplia:

- *Modelos de asistencia en movilidad.* Transportes preferentes o especializados para adultos mayores, acondicionados para el traslado de personas con movilidad limitada.

- *Modelos de asistencia en alimentación.* Comedores comunitarios, servicios de comida a domicilio, y todos los modelos que brindan asistencia en la preparación de alimentos para adultos mayores, a domicilio o en espacios específicos.

- *Modelos de asistencia en los cuidados en domicilio.* Cuidadores, enfermeras y personal médico y paramédico que brindan atención domiciliaria.
- *Servicios de día.* Centros de día, universidad de la tercera edad, grupos sociales de adultos mayores.
- *Residencias diurnas.* Espacios físicos específicos para la atención diurna de adultos mayores.
- *Establecimientos de cuidado o viviendas compartidas.* Modelos de vivienda en donde adultos mayores son acompañados y asistidos en las actividades de la vida diaria.
- *Asilos y residencias.* Espacios físicos específicos para brindar servicios de vivienda y asistencia a adultos mayores con cierto grado de dependencia o discapacidad.

Finalmente, es muy importante que el adulto mayor acepte la intervención antes de que ésta ocurra, ya que ingresar a un centro o programa sin información suficiente o sin desearlo, puede hacer que la experiencia se vuelva desagradable y repercuta en el estado de ánimo y la calidad de vida del adulto mayor.

Ariel Díaz Barriga
CATEDRÁTICO, 81 AÑOS

Soy ingeniero químico petrolero, tengo 81 años de edad, 52 de los cuales he trabajado de manera ininterrumpida como catedrático de la Escuela Superior de Industrias Químicas y Extractivas del Instituto Politécnico Nacional. Me levanto a las 6:30 de la mañana, salgo a las 7:00 a la escuela para dar clases a las 8:00, y regreso a mi casa a las cuatro de la tarde.

Muchas personas me han dicho que ya debería de jubilarme, pero en mi salud y en mi vida sigo sintiéndome muy bien y quiero seguir contribuyendo con las experiencias que adquirí trabajando en las refinerías de petróleo; puedo transmitir a los alumnos muchos conocimientos que no cualquiera tiene, sólo una persona que pasó tantos años trabajando en la industria. Transmitir esos conocimientos me hace muy feliz.

Nunca he padecido ninguna enfermedad, soy muy sano. Hice mucho deporte, sobre todo basquetbol y voleibol. Lo suspendí cuando entré a trabajar a las refinerías. Hasta la fecha como de todo: pescado, carne, pollo, chicharrón…

Yo nací petrolero y me encanta lo que he hecho como petrolero. Fui superintendente de producción, que es el que se encarga de producir los energéticos necesarios para nuestra vida. Cuando trabajaba en la refinería me sentía como pez en el agua, como si estuviera en Disneylandia. Tengo muchas anécdotas de la refinería por el tipo de sustancias que se manejan; hay que estar siempre atento y concentrado, no dejar pasar nada que sea peligroso. No hay que confiarse, nunca está uno seguro de nada, debemos de estar pendientes de la seguridad y ciertos de lo que hay que hacer.

Los muchachos me dan muchas motivaciones. Me tratan bien y hablan muy bien de mí, eso me motiva más. Hago todo lo posible por dar una buena clase, que sea de utilidad, no que llegue a dar clases y que ellos digan: "Mejor ni la hubiera tenido".

Yo seguiré dando clases porque eso es lo que me apasiona. En cuanto se me quiera prender un foco rojo, en ese momento analizaré mi vida y decidiré si me voy jubilado.

Mi consejo es no enojarse. Yo no me enojo y vivo contento con mi familia y mis hijas. ¿Qué más puedo pedir, si estuve en lo que más me gustó, que fueron las refinerías? Si tuviera que volver a intentar todo, haría lo mismo. Eso me llenó toda mi vida y me la sigue llenando hoy todavía a través de las clases.

Financiar el futuro.
Los retos de las pensiones en México

Mtro. Eugenio Eduardo Yarce Alfaro

A finales de 2015, a Margarita, mi compañera de vida por más de 30 años, la invitaron a formar parte de un programa de prejubilación en la empresa en la que laboraba. La prejubilación es una figura que no existe en la legislación mexicana. En dicha empresa, un colaborador al llegar a los 56 años es candidato para obtener una indemnización, un beneficio adicional a lo estipulado por la ley. Los asesores de la empresa le sugirieron a Margarita utilizar los recursos recibidos de forma simultánea: el primero de ellos para cubrir las aportaciones voluntarias ante el Instituto Mexicano del Seguro Social (IMSS), esperar a alcanzar la edad de 60 y, en su momento, tramitar la pensión por cesantía en edad avanzada; el segundo escenario, utilizar el remanente de los recursos como un capital inicial para emprender un negocio, o como un puente de sostenibilidad mientras consigue un nuevo empleo.

Antes de terminar 2015 Margarita fue prejubilada. Ese fin de año nos quedamos en casa, pasamos las fiestas con nuestro hijo, hablamos del tema y comenzamos a tomar decisiones en familia. Fue la primera ocasión que abordamos asuntos como la pensión, la jubilación, el seguro social, los gastos médicos y otros temas cubiertos por las prestaciones laborales. Sabíamos que en algún momento lejano llegaría el retiro, pero en ese fin de año hicimos conciencia de su cercanía y nos dimos cuenta de que no lo habíamos abordado de frente y con claridad. En enero de 2016 comenzaba otra etapa en la vida de Margarita: conceptualizar, diseñar y planear un nuevo proyecto con la mirada puesta en la vida de un adulto maduro.

En la práctica no es tan fácil como lo acabo de expresar. Una persona que ha colaborado por varios años con una empresa tiene sus capacidades orientadas al logro de los objetivos de su puesto. En el horizonte, espera que su transición de empleado a jubilado sea suave, de forma natural. Pero al salir de una organización y reconectarse con el mundo exterior de un día para otro no tienes idea de algunas cosas porque pasaste más de ocho horas en una oficina o nave industrial; en ocasiones la empresa o institución te acerca los servicios y los proveedores te ven como el empleado o colaborador de la organización. Regresar al ajetreo de la vida diaria es volver a nadar en aguas conocidas a las que les han cambiado la corriente, la profundidad y la temperatura. Estás seguro de que podrás nadar, sólo que al principio te sientes desubicado, fuera de forma.

El primer día hábil de enero me fue extraño ver a Margarita levantándose temprano como lo había hecho todos los días, ahora sin la urgencia de preparar su almuerzo o salir temprano para evitar el tráfico en el Periférico. Por primera ocasión en muchos años se quedaría en casa. Ahora, al regresar al mediodía a casa comíamos juntos, lo cual no habíamos hecho entre semana desde hace unos 20 años, excepto en las vacaciones o días de asueto. Aprovechábamos para conversar, alinear ideas, explorar posibilidades y combinar nuestras agendas, cosa que tampoco hacíamos desde hacía buen tiempo, salvo en eventos sociales o familiares. Al pasar de los días la veía más tranquila, llena de energía y con una gran disposición.

En los días siguientes comenzó a investigar y analizar el seguro de vida, unificamos la póliza de gastos médicos y, en materia de pensiones, comenzó a pedir información sobre la incorporación voluntaria al régimen del seguro social comúnmente llamado "modalidad 40".

La situación de Margarita me invitó a reflexionar sobre mi proceso de jubilación y pensión. A diferencia de ella, que había colaborado mayormente en organizaciones privadas, yo he colaborado en varios sectores: el privado, el público a nivel federal y estatal, y una parte de mi vida de manera independiente. Supuse que los procesos no serían iguales, así que me puse a indagar sobre las pensiones y las Afores, con el fin de ayudarla en primera instancia y, en segundo término, que me sirviera en su momento para mi propio proceso.

Primeros pasos

Después de estudiar psicología trabajé en el departamento de recursos humanos de una empresa trasnacional durante casi 20 años, y el resto de mi vida profesional me dediqué a la educación, en especial al nivel superior. Desempolvé mi conocimiento y experiencia y me puse en contacto con viejos conocidos, consultores, asesores y especialistas en el tema. Consulté fuentes de información, internet y bases especializadas con el fin de comprender la situación actual y los procesos de jubilación, tanto en sus requisitos, como en los plazos y tiempos de respuesta. Al comprender mejor el mundo de las pensiones, de la seguridad social y su situación actual, me sorprendió percibir que todo permanecía muy parecido a lo que había vivido en mis primeros años como profesional: procesos complejos, escasa información, gran desconocimiento... En ese momento me quedó claro que a México le estaban saliendo canas y que no estábamos atendiendo bien el tema.

En diciembre de 2016 decidí cerrar mi ciclo laboral y dedicar mi esfuerzo a tres de mis grandes intereses: la gestión y el aceleramiento de instituciones de educación, la innovación y colaboración y, ahora, las pensiones y jubilaciones. Conforme fui avanzando en este último me di cuenta de que el tema más desatendido no eran las pensiones y jubilaciones, sino el adulto mayor en tres vertientes: su salud, su bienestar y su sostenibilidad. Entonces vino a mi memoria la tesis del libro *La estrategia del océano azul*, de

W. Chan Kim y Renée Mauborgne: el adulto mayor es un océano de oportunidades y también es la amenaza de un tsunami. Los adultos mayores nos sentimos como paralizados a la orilla de la playa, ante el océano, y no nos percatamos de la alarma, ante la cual hay que actuar y no sólo reaccionar.

Al comenzar a indagar en redes tuve la fortuna de cruzarme con el libro de la doctora Laura Carstensen, directora fundadora del Centro para el Estudio de la Longevidad de la Universidad de Stanford, quien integró en 2007 un equipo multidisciplinario con el fin de identificar oportunidades y vulnerabilidades de la longevidad y desarrollar propuestas para atenderla en el mediano plazo. La doctora Carstensen publicó *A Long Brigth Future*, un libro en el que aborda varios temas centrales. El primero, que la longevidad ha cambiado en un abrir y cerrar de ojos; hasta hace menos de un siglo era improbable que un adulto tuviera una esperanza de vida mayor a los 50 años. Hoy la sociedad menos favorecida económicamente supera los 65, y en algunas sociedades estamos cercanos a vivir hasta los 85 o 90 años.

Carstensen señala que debemos trabajar en dos aspectos principales: *a)* hacer un cambio de paradigma, pues no hemos comprendido que hoy un adulto de 60 o 65 años es diferente a un adulto de la misma edad hace 20 años,[1] y *b)* al extenderse la expectativa de vida hay que desarrollar estrategias culturales, políticas, sociales, económicas y de procesos para atender la salud, el bienestar y la sostenibilidad de la persona que será cada día más longeva.

Al compartir mis hallazgos sobre el adulto mayor con algunos amigos, uno de ellos me envió la liga a una conferencia de TED presentada por Jane Fonda, con un título desafiante: "El tercer acto de la vida". De su conferencia, me llamaron la atención varias ideas que les comparto aquí:

---

[1] Muestra de ello son las historias concentradas en página web impossible dreamers.org.

Ha habido muchas revoluciones en el último siglo, pero quizá ninguna tan significativa como la revolución de la longevidad. Hoy en día vivimos en promedio 34 años más que nuestros bisabuelos. Piensen en eso. Es toda una segunda vida de adulto que se ha añadido a la nuestra. Y, sin embargo, en su mayor parte, nuestra cultura no ha aceptado lo que esto significa. Muchas personas hoy en día tienen una nueva perspectiva de lo que yo llamo el tercer acto: las tres últimas décadas de la vida. Se dan cuenta de que es, en realidad, una etapa de desarrollo con su propio significado, tan diferente de la mediana edad como la adolescencia difiere de la infancia.

Estas ideas están en sintonía con los planteamientos de la doctora Cartensen:

Los avances sociales y tecnológicos nos están dando, a los que en corto plazo llegaremos a ser adultos mayores y a los adultos mayores actuales, la oportunidad de vivir unos años más con una alta probabilidad de alcanzar los 80 a 85 años. El regalo no acaba aquí, tiene un bono adicional: vivir esos años en buenas o aceptables condiciones de salud.

A partir de las lecturas y los videos, comenzaron a surgirme ciertas preguntas. ¿Cómo podemos utilizar este tiempo? ¿Cómo podemos vivirlo con prosperidad y sostenibilidad? ¿Cuál es la nueva metáfora apropiada para esta etapa final? ¿Qué vamos a hacer con ese regalo de 20 o 30 años? ¿Qué tenemos que hacer a nivel personal y social para que esos años se vivan en plenitud y prosperidad?

Las pensiones, casos de la vida real

En agosto de 2016, visitando una empresa para entender el proceso de pensión y a su vez poder explicar la forma en que éstas operan, di un taller al personal que en aquel momento se encontraba cercano a cumplir los 60 años. Durante el taller surgieron muchas preguntas y dudas que me dio mucho gusto poder resolver. Al cierre del taller, el director de la planta resaltó ante el grupo la importancia de trabajar sobre el proyecto de jubilación. Luego, cuando terminó de dirigir su mensaje, me abordó y me pidió unos minutos para tratar un tema.

Nos trasladamos a su oficina y comenzó a platicarme de su tío político, Fernando, un hombre de 65 años que desde joven trabajó y que en los vaivenes de la industria textil se había quedado sin empleo hacía unos ocho años. Por la edad, no logró conseguir un empleo y decidió utilizar el monto de su liquidación para comprar un taxi. Conducir el taxi le ha permitido generar un ingreso para sostener su hogar y cuidar de su esposa, quien tiene una enfermedad crónica, pero desde hace un par de años Fernando ha empezado a perder la capacidad auditiva. Hace un año Fernando y su sobrino decidieron presentar la solicitud de pensión ante el IMSS. En ese momento el director interrumpió su relato, abrió uno de los cajones de su escritorio, extrajo un fólder y me lo acercó. Adentro se encontraba un documento del IMSS con la negativa de resolución de pensión.

Le pedí al director que me facilitara los documentos para revisarlos con detalle. Días después entendí la razón de la negativa: su tío había perdido la vigencia de derechos del IMSS. Aun cuando tenía un buen número se semanas cotizadas, había dejado pasar el plazo de su vigencia de derechos, y cuando presentó la solicitud, ya no estaba vigente. Le llamé al director y los invité, a él y a su tío, a una reunión en mi oficina. Les expliqué el problema y no lo podían creer, nadie les había explicado y ellos no se habían informado. Pasaron de la sorpresa a la desesperación y la angustia. Luego surgieron las preguntas: "¿Ahora cómo me voy a mantener? Mi esposa necesita medicinas y atención médica por su enfermedad, ¿cómo las voy a comprar y cómo voy a pagar médico y consultas? No quiero depender de mi familia", concluyó el tío.

Esta y otras historias me fueron mostrando que las lagunas de información y la confusión ante el sistema de pensiones en México son inmensas.

En otra ocasión fui a un viaje a Veracruz para dar una conferencia a los integrantes de una cámara empresarial. Los temas: las pensiones y jubilaciones y la situación del adulto mayor en el mediano y largo plazos. Ahí tuve la oportunidad de conocer a un empresario dedicado a la industria de los alimentos. Días después de la conferencia acordamos tener una cita. Nos reunimos para hablar con detalle de las pensiones y jubilaciones, y cuando terminé de exponerle el tema me pidió que abordáramos su caso.

Esta persona había comenzado a trabajar desde muy joven, a finales de los años setenta, en una compañía de alimentos donde logró un gran conocimiento y experiencia con el paso de los años. En 1998 la empresa en la que trabajaba cambió de propietario, por lo que él vio la oportunidad de formar su propio negocio. Constituyó una empresa a finales de los noventa, y después de muchos años de labor ansiaba el momento de iniciar los trámites de su pensión. Antes de que continuara le pedí que me mostrara el acta constitutiva de su negocio. Me entregó una copia y en ella encontré que él era socio y además se le habían otorgado poderes como administrador único. Inmediatamente le comenté que no era susceptible de ser afiliado al IMSS. A continuación me mostró su alta en el IMSS. Desafortunadamente, le tuve que ratificar la mala noticia y le expliqué que las figuras de socio y administrador único no pueden ser afiliadas ante IMSS, dado que se requiere ser colaborador de la empresa y desarrollar un trabajo subordinado, es decir, tener un jefe, y ése no era su caso. Aun cuando estuvo cubriendo las cuotas con toda oportunidad, no tenía derecho a estar inscrito en el régimen obligatorio y, por lo tanto, no era sujeto a una pensión. Su cara fue de sorpresa e incredulidad. Nos despedimos, y cuando hablamos por teléfono días después me comentó que había corroborado la información que le di con varias firmas contables. Incluso le habían recomendado darse de baja inmediatamente.

Quiero compartir un tercer caso, un poco más optimista, sobre la situación de las pensiones en México. Jorge consiguió su primer trabajo formal a los 22 años. Le sugirió al gerente de recursos humanos que le diera más sueldo del que le ofrecían a cambio de que no lo inscribiera en el IMSS. El gerente le respondió que no lo haría y le ofreció un consejo: "Nunca dejes de cotizar, a la larga te beneficiará".

Después de laborar 31 años en la industria, en 2005 la empresa en la que prestó sus servicios los últimos 29 años cerró por falta de liquidez. Le dieron las gracias y el ofrecimiento de que cuando hubiera dinero lo llamarían para reiniciar labores. Obviamente, de liquidación no le hablaron. Hasta hoy sigue esperando esa llamada, la liquidación y el fin de un juicio laboral que lleva 13 años de juzgado en juzgado.

Al momento de ser despedido Jorge tenía 53 años y no encontraba empleo, hasta que consiguió uno que le permitió seguir cotizando por un par de años. Fue entonces cuando empezó a buscar información sobre el proceso de pensión. Desgraciadamente, había poca información disponible en ese tiempo, y la que conseguía era confusa, incierta y en ocasiones errónea. Un asesor de Afore que le llamó para ofrecerle cambiarse de operadora le dijo en la entrevista que creía que había una manera de cotizar con salario tope. Empezó a visitar la subdelegación del IMSS y a hacer preguntas. Le decían que sí era posible y hasta cuánto costaba, pero al consultar cuánto le correspondería de pensión para poder evaluar la conveniencia de la inversión, no podían responderle porque era una modalidad desconocida para ellos. Hablaban de la modalidad 40.

Jorge se dio cuenta de que tenía dos números de afiliación, su nombre estaba mal escrito y le faltaban semanas cotizadas. Su clave única de registro de población (CURP) también era incorrecta. Fue y vino de las oficinas del IMSS y de otras dependencias. Fueron muchas horas de banca y más de 10 meses, pero lo logró. "Aprendí en el trayecto y conocí a muchas personas, empleados del IMSS a los cuales les reconozco su excelente labor. Hay uno que otro difícil de tratar, como en cualquier lado, pero debemos evaluarlos por los que realmente se dedican a darnos el servicio que nos merecemos, y más." Y concluyó: "¿De quién es la culpa de que sea un proceso tan largo y complicado? Es irrelevante, seguramente encontrarás varios culpables, pero ¿qué ganas con encontrarlos? Mejor decreta que tú eres el responsable. Dedícate a lograrlo".

Estas tres historias dan cuenta de la desinformación y la confusión que existe en torno a las pensiones. Derivado de un par de jurisprudencias, se han sacado conclusiones equivocadas y noticias que no son precisas. Hace poco se publicó una nota en la prensa nacional advirtiendo que están en riesgo los retiros de 25 salarios mínimos. En otros medios se ha publicado el incremento en la edad mínima de pensión a 65 años y la carencia de fondos en el gobierno para cubrir las pensiones vigentes y las futuras. Esto ha causado una alarma y el surgimiento de una serie de asesores y gestores con información equivocada. No te confundas ni te dejes influir, son casos muy puntuales que seguramente no aplicarán en el tuyo.

Entendiendo el modelo de pensiones

En nuestro país podemos dividir la cobertura de las pensiones en tres grandes rubros. Las que provienen del IMSS, las del ISSSTE y otros modelos. Cada uno de los sistemas tiene sus requisitos que, en general, son parecidos: la edad, semanas cotizadas o antigüedad, y el salario de cotización. Para efectos de este capítulo abordaremos las pensiones que ofrece el IMSS.

A) LEY 1973

Para ser candidato a una pensión, el primer paso es que identifiques la fecha en que fuiste dado de alta ante el IMSS por primera vez. Si la fecha es anterior al 1° de julio de 1997, tienes derecho a elegir entre una de las dos leyes, la de 1973 o la de 1997. Lo más conveniente es seleccionar la de 1973. Ésta se basa en un modelo de reparto o de beneficio definido (BD) y se calcula de acuerdo con el número de semanas cotizadas, el promedio del salario base de cotización de las últimas 250 semanas (con un tope de 25 veces la Unidad de Medida y Actualización (UMA), la edad, la composición familiar que considera el estado civil y el número de hijos dependientes. La pensión se integrará por una aportación mensual vitalicia que es heredable a la pareja, y por la recuperación en una sola emisión de los saldos de las subcuentas del SAR 92-97, fondo para el retiro e Infonavit.

Los requisitos para solicitar la pensión son los siguientes:

- Tener 60 años cumplidos.
- Estar dado de baja del régimen obligatorio o voluntario.
- Tener cotizadas por lo menos 500 semanas dentro del plazo de vigencia de derechos.

Algunas recomendaciones antes de que inicies el trámite:

- Verifica la fecha en que te dieron de alta por primera vez. De esta forma sabrás con qué ley te puedes pensionar.
- Comprueba que sólo tienes un número de afiliación al IMSS. Si tienes más de uno, unifícalos. Era común que en cada nuevo empleo te tramitaran uno nuevo.
- Los nombres dobles y los apellidos compuestos son un motivo frecuente de error. Los nombres muy largos se trunca-

ban para que cupieran en el espacio destinado. Si es tu caso, acude a corregir la información.

- Es probable que en el reporte de semanas cotizadas te falten algunas. Los datos ahí están, en archivos documentales, pero como no existían los sistemas de cómputo actuales, ahí seguirán si no los solicitas.
- Cuando se implementó la CURP, deben haberte registrado en la empresa o escuela en la que estabas. Era común que la asignación del estado de nacimiento se hiciera por el lugar donde vivías o trabajabas, y no de acuerdo con el lugar de nacimiento.
- Verifica que en los documentos oficiales, como identificaciones y actas de nacimiento, sean correctos tu nombre completo, fecha y lugar de nacimiento, tanto en tu caso como en el de tus familiares directos.

B) LEY 1997

El modelo de pensión bajo esta ley es de contribución definida. Como lo mencionamos anteriormente, la pensión a recibir está en función de las aportaciones a la subcuenta del retiro de la Afore. Se han dado algunos primeros casos de pensionados por la ley 1997 en 2017. Son personas en la generación de transición (ley 73) que, al momento de elegir, optaron por el modelo de pensión de beneficio definido (BD). Los primeros casos se presentarán a partir de 2021.

Los requisitos para ser elegible para la pensión:

- Tener 60 años cumplidos.
- Estar dado de baja del IMSS.
- Contar por lo menos con 1 250 semanas cotizadas.

Los retos del sistema de pensiones

Para la generación en transición que todavía tiene vigente la ley 73, el gran reto es la información. El modelo de contribución definida tiene sus ventajas, lo importante es cuidar las variables en el siguiente orden:

1. Entre más semanas cotizadas tengas es mejor.
2. En lo posible, hay que mejorar el salario base de cotización al acercarse a los 55 años.
3. Si llegaras a quedarte sin empleo, continúa con la modalidad voluntaria, cuidando el monto de la aportación para favorecer el promedio.
4. Consigue orientación profesional, deja de prestar atención a los rumores o consejos de personas sin el conocimiento y la competencia.
5. Localiza los papeles de alta ante las empresas, son muy importantes para hacer aclaraciones.
6. Revisa todos los documentos oficiales para verificar la consistencia de la información: nombres completos, fecha de nacimiento, lugar de nacimiento (localidad, municipio y estado) tanto del trabajador como de los familiares.

Las personas que se dieron de alta a partir del 1º de julio de 1997 tienen desafíos muy diferentes:

- Presta atención a la Afore que elegiste. Consigue el estado de cuenta de forma impresa y electrónica. Revisa sus rendimientos y cobro de comisiones. Una buena decisión en la selección de la Afore te puede llevar a que después de 25 años tengas un ahorro de 1 millón o de 500 mil pesos, así es de amplio el abanico.
- La aportación obligatoria es de 6.5% del sueldo base de cotización. En el mejor de los escenarios, con 30 años de anti-

güedad y aportaciones obligatorias, tendrás acumulados unos 32 meses de sueldo.

- Con la aportación obligatoria, el monto de la pensión rondará 30% del último sueldo vigente.
- Es importante que consideres una aportación voluntaria bajo un programa planeado.
- Es necesario aportar, ya sea como empleado, profesionista independiente o emprendedor.
- Busca un ingreso adicional o compañías que tengan un plan privado de pensiones que ayuden a mejorar tus condiciones.

Comienza ahora, después no hay vuelta de hoja. La mejor fuente de información es la Comisión Nacional del Sistema de Ahorro para el Retiro (Consar) y las Afores.

La sustentabilidad del adulto mayor desde las políticas públicas

La transformación básica que ha experimentado el sistema de pensiones ha sido la migración de un esquema de reparto o beneficio definido (BD) a uno de contribución definida (CD). Como he mencionado antes, en un esquema de BD, el trabajador en activo aporta los recursos que financiarán las pensiones de aquellos que se retiran del mercado laboral. Para ello se requiere que las aportaciones sean suficientes para cubrir el pago de las jubilaciones.

Es un acuerdo implícito el que las generaciones jóvenes financien las pensiones de los mayores. Para su buen funcionamiento se requiere un balance demográfico adecuado y un manejo de los recursos efectivo y transparente. Con la estructura poblacional de los años setenta y ochenta, el modelo se pudo sostener, pero ya se vislumbraba que sería insostenible en el futuro debido al incremento de la esperanza de vida, la disminución de la mortalidad, y todo esto combinado con un manejo poco transparente y con la falta de propiedad de los recursos por parte del afiliado.

En 1992 se dio un primer paso para hacer la transición hacia un régimen de pensiones sostenible al migrar a cuentas individuales o un sistema de contribución definida (CD). Se creó el sistema de ahorro para el retiro (SAR), y en 1994 se constituyó la Comisión Nacional del Sistema de Ahorro para el Retiro (Consar). Como mencioné anteriormente, en 1997 entró en vigor la nueva ley del IMSS hacia el modelo de CD, al crear las administradoras de fondos para el retiro, las Afores, y las Sociedades de Inversión Especializada en Fondos del Retiro (Siefores). El número de Afores ha variado con el paso del tiempo y en la actualidad hay 11 operando.

En el siguiente diagrama preparado por la Consar se muestra el panorama general de los esquemas de pensiones:

DIAGRAMA 1

Pilar no contributivo:	**Pilar mandatorio:**	**Pilar mandatorio:**	**Pilar voluntario:**
pensión básica, con financiamiento público; puede ser universal o por comprobación de medios. Otorga un nivel mínimo de protección.	plan obligatorio de pensiones públicas que se manejan con contribuciones y, en algunos casos, con reservas financieras.	cuentas individuales establecidas en un plan de contribución. Son planes de pensiones, de empleo con activos totalmente financiados.	cuentas individuales para el retiro, incapacidad o vejez, planes privados ocupacionales o planes personales de instituciones financieras.

Pilar 0	Pilar 1	Pilar 2	Pilar 3

• Pensión para adultos mayores (65 años y más) • Pensiones asistenciales en las entidades federativas	• Universidades públicas y órganos autónomos • Gobiernos locales y municipales • ISSFAM y sector paraestatal • Pemex • Banca de desarrollo	• Afiliados: IMSS, ISSSTE e independientes • Empleados: IMSS y CFE	• Plan privado de pensiones • Contribuciones voluntarias al SAR

Actualmente los principales sistemas obligatorios de pensiones cubren cerca de 39.9% de la población económicamente activa (PEA), siendo los más importantes el IMSS, con una cobertura de 32.9% de la PEA, el ISSSTE, con una cobertura de 5.6% de la PEA. También existen los sistemas de pensiones de los gobiernos estatales, los de las universidades públicas y los de las empresas paraestatales, que son en su mayoría planes de BD y en total cubren 2% de la PEA.

Los trabajadores independientes no están legalmente obligados a cotizar a un plan de pensiones, por lo que 60% de la población económicamente activa está excluido del sistema de pensiones obligatorio. Adicionalmente, en los últimos años han surgido numerosos esquemas de pensiones no contributivas a nivel estatal, así como transferencias de tipo asistencial dirigidas a la población de adultos mayores con menores ingresos.

Los cuatro esquemas no operan de manera coordinada ni ofrecen una total portabilidad. Se trabaja con dos sistemas de pensiones en paralelo, la ley 73 y la ley 97, que coexistirán durante un largo periodo. Las pensiones de la ley anterior (BD) constituyen, en su mayoría, un pasivo a cargo del gobierno federal, cuyo monto para cubrir las pensiones por un año, según estimaciones, puede ser igual a lo recaudado por concepto de impuesto al valor agregado (IVA) en el mismo lapso.

Las oportunidades

Con el aumento en la esperanza de vida, los sistemas de pensión de BD tendrán que migrar al modelo de CD a un paso más acelerado. Muy probablemente lo harán modificando algunas condiciones, como el número mínimo de semanas requeridas o la edad para la cesantía, derivado de un adulto más longevo y pleno. No es una reforma que alguien quiera enfrentar y menos comunicar, pero es necesaria para el bien común.

Éstas son algunas de las oportunidades más apremiantes:

- Tenemos que ver el mundo laboral de una forma diferente. El empleo pleno y de por vida está dejando de ser una alternativa. Nos enfrentaremos a una dinámica diferente, cambios frecuentes de trabajo, gran intermitencia entre el sector formal, independiente e informal; por lo tanto, habrá menor densidad de cotización en el futuro. Eso nos llevará a buscar modelos que fomenten la aportación al retiro desde cualquier trinchera laboral.

- El entorno financiero, por su parte, no está siendo favorable para la obtención de buenos rendimientos en los fondos. En la última década el rendimiento promedio de los fondos, descontada la comisión, es de alrededor de 4%, por lo que escasamente cubre la inflación. Es necesario cambiar las reglas de inversión, abrir el abanico de posibilidades y fomentar el ahorro voluntario con beneficios fiscales.

- Es necesario mejorar la operación entre los modelos de pensión, porque es un viacrucis migrar de uno a otro o lograr la portabilidad. Esto requiere el desarrollo de un sistema de información confiable y amigable. En el siglo XXI no podemos seguir teniendo problemas de origen con el nombre y apellidos, la fecha y el lugar de nacimiento. Así que urge proponer una campaña de actualización y corrección de datos. Con eso se acabarían las muchas horas-banca en diferentes dependencias que tiene que hacer un afiliado, tal y como lo menciona Jorge, uno de los casos que les he presentado.

- Debemos migrar a un modelo de CD en los estados, universidades y organismos de gobierno. Todos somos ciudadanos de un mismo país en igualdad de circunstancias. El azar no debe favorecer a nadie.

- Hay que incrementar la contribución obligatoria de forma gradual y pasar de 6.5% a 10%, sin mermar la densidad de aportaciones. La tasa actual no garantiza una pensión digna.

Las personas deben asumir la responsabilidad en el financiamiento de su futuro. Partiendo de que la tasa de contribución obligatoria es de 6.5% del salario base de cotización, la tasa de reemplazo fluctuará entre 46 y 34%. Les comparto un ejemplo para que se pueda entender mejor:

Un trabajador con un sueldo mensual de 9 mil pesos que comenzó a trabajar a los 25 años y lo hace por 40 años consecutivos, con un rendimiento de 4% en su cuenta de retiro, tendrá una pensión de alrededor de 4 mil pesos mensuales. Si hacemos el mismo ejemplo con un sueldo de 50 mil pesos, el trabajador recibirá una pensión de alrededor de 20 mil. A todas luces, no tendrá la sostenibilidad requerida ante una mayor longevidad. Imaginen a ese adulto a los 85 años con ese monto de pensión.

> **Las personas deben asumir la responsabilidad en el financiamiento de su futuro.**

Ante este panorama, les comparto varias propuestas: incrementar la aportación obligatoria (insisto), fomentar el ahorro voluntario, propiciar el desarrollo y actualización de competencias profesionales en el adulto y de modelos de emprendimiento para los adultos mayores de 50 años.

A 16 años de su creación, el Sistema de Ahorro para el Retiro (SAR) administra 2 billones de pesos (157 mil millones de dólares), equivalentes a 12.7% del producto interno bruto (PIB), cifras que constituyen los ahorros para la jubilación de casi 50 millones de cuentas individuales. Sin embargo, los niveles de cobertura distan de ser los óptimos, y la mayor parte de la fuerza laboral queda sin ninguna protección en la vejez. La exigencia fundamental es que el sistema de ahorro para el retiro sea capaz de ofrecer pensiones adecuadas al término de la vida laboral.

Si las pensiones son una de las reformas pendientes que tienen que ver con la sostenibilidad futura de los adultos mayores, urge consolidar su transformación.

Una ciudad incluyente.
Los programas para adultos mayores en la Ciudad de México

Dr. Armando Ahued Ortega

La zona metropolitana de la cuenca de México es una de las megalópolis más grandes y más pobladas del mundo. Por la capital del país transitan todos los días más de 25 millones de personas, y poco sabemos sobre el proceso de envejecimiento que ha vivido su población en los últimos 40 años. ¿Qué repercusiones tiene este fenómeno para su futuro inmediato? ¿Qué problemas de salud enfrenta una sociedad que envejece a un ritmo acelerado? ¿Qué han hecho los gobiernos al respecto?

Si ponemos atención al recorrer las calles de la Ciudad de México, notaremos que 1 persona de cada 10 que caminan a nuestro lado tiene 60 años o más. La realidad es que la población de la capital mexicana es la más envejecida del país. De 1970 a la fecha la esperanza de vida pasó de 60 a 76.2 años. Desafortunadamente, esos 16 años ganados no se viven en salud.

Los adultos mayores de la capital viven con alguna enfermedad antes de fallecer,[1] —11 años en el caso de las mujeres y 8.6 en los hombres—. Las más comunes son infecciones en vías respiratorias, cardiopatías, tumores, diabetes, hipertensión y accidentes que implican ingreso al hospital. Por su parte, las enfermedades menta-

---

[1] Instituto Nacional de Estadística y Geografía. Encuesta Intercensal 2015. Disponible en: http://www.beta.inegi.org.mx/proyectos/enchogares/especiales/intercensal. Consultado el 10 de marzo de 2018.

les y del comportamiento, junto con la depresión, aceleran el deterioro de la salud física y viceversa.

Lo cierto es que la infraestructura y los servicios para atender a la población adulta son insuficientes e inadecuados. Incluso podríamos preguntarnos si el estado actual de salud de los adultos mayores no está directamente relacionado con el acceso efectivo y la cobertura de servicios de protección.

En la Ciudad de México la ley de salud y otros ordenamientos locales obligan a brindar, sin costo alguno, servicios de salud a las personas sin seguridad social laboral, lo que incluye promoción de la salud, prevención, consulta médica, medicamentos, hospitalización, cirugías, atención dental y prótesis, rehabilitación y cuidados paliativos. El programa de la Secretaría de Salud que da cumplimiento a esta obligación se denomina Gratuidad.

Asimismo, la Ley General de Salud contempla la cobertura de la población sin seguridad social a través del Sistema Nacional de Protección Social en Salud, que incluye la atención ambulatoria, la hospitalización y el tratamiento para enfermedades contempladas en un catálogo de servicios de salud. A este programa, integrado con distintos fondos financieros, se le conoce como Seguro Popular.

Del total de la población sin seguridad social en la capital del país, y de acuerdo con registros del padrón de afiliados de la Secretaría de Salud de la Ciudad de México, la cobertura del programa Gratuidad es de 99% y la del Seguro Popular es cercana a 70 por ciento.

La pregunta sería ¿por qué la población beneficiaria de estos programas no usa más los servicios de salud de la Ciudad de México, o por qué lo hace solamente cuando la enfermedad avanzó hasta un grado en que es necesario hospitalizarla?

Un primer elemento a considerar es la *disponibilidad* de servicios. Existen suficientes unidades de primer nivel de atención y clínicas especializadas para resolver la mayoría de los problemas de los adultos mayores, sin embargo, las instancias de alta especialidad aún son insuficientes.

Respecto al *acceso*, hay que contemplar barreras de tipo físico, económico o de falta de información, que para el caso de los adultos mayores es un factor determinante, ya que no pueden trasladarse hasta una unidad médica formal por sus limitaciones funcionales. Otro factor relevante es la *calidad* de los servicios, pues para los pacientes es importante que los atiendan oportuna y dignamente, y que se cuente con el equipo e instrumental necesario para resolver sus problemas.

En nuestro país, la atención médica especializada para los adultos mayores tiene un rezago muy significativo, por ejemplo, para 2015 se contaba con 168 unidades de servicios de consulta externa y 90% de ellos se concentraban en la Secretaría de Salud y el Instituto de Seguridad y Servicios Sociales de los Trabajadores del Estado (ISSSTE). Únicamente había 176 camas de hospitalización destinadas a geriatría y 384 geriatras, de los cuales 181 trabajaban en la Ciudad de México. Asimismo en el sector público se contaba con 197 geriatras, 60 en la capital y siete en la Secretaría de Salud capitalina.

Otro aspecto más para reflexionar es el de la cultura de salud. Desde la perspectiva de la mayoría de la gente, mientras no haya enfermedad no es necesario acudir al médico. Sin embargo, ante el aumento en la población de adultos mayores, resulta imprescindible aumentar la promoción de la salud y la prevención de enfermedades, es decir no esperar hasta que la población llegue enferma a la unidad médica, sino buscarla y llevar a cabo con ella actividades para conservarla sana en su escuela, trabajo o comunidad. Esto requiere, como veremos a continuación, trabajar desde los cimientos del sistema de salud.

El modelo tradicional

En la actualidad la atención médica curativa es el modelo dominante. Sus bases se sentaron a finales del siglo XIX y principios del XX.

El rápido desarrollo del conocimiento científico ocasionó que los médicos se formaran para curar enfermedades, estableciendo como meta la especialización. A nivel institucional, las técnicas, procedimientos y equipo médico se hicieron más complejos y sofisticados y la investigación se centró más en los avances. Durante años la gente aprendió que solamente es necesario acudir al médico cuando hay problemas de salud. De ahí que el modelo sea reactivo, pues su acción más importante es curar a las personas que ya enfermaron.

Este modelo tiene algunas consecuencias negativas:

- La promoción de la salud y la prevención de enfermedades son sólo una herramienta de apoyo.
- No hay incentivos para los médicos generales y no tienen muchas posibilidades de trabajo en instituciones públicas.
- Se considera que las unidades de atención primaria pueden trabajar con recursos básicos.
- El médico no sabe cómo proporcionar cuidados paliativos y no los valora suficientemente.
- La gente no valora las ventajas de la revisión médica periódica, el autocuidado o los hábitos de vida saludables.

Mantener este modelo reactivo provocará un crecimiento acelerado del número de enfermos crónicos, la construcción de más hospitales y, a mediano plazo, una crisis e incapacidad institucional para resolver los problemas de salud de la sociedad.

El modelo anticipatorio

Este modelo pretende conservar el mayor tiempo posible a las personas sanas, pero también lograr que aquellas que enferman reciban oportunamente la intervención de los profesionales de la salud para evitar daños mayores. A sabiendas de que el proceso salud-enfermedad es una alternancia de fases, lo que se pretende es alargar los periodos en que las personas están sanas. Esto implica realizar acciones con la población de riesgo cuando está sana con el propósito de que así se mantenga.

Modelo anticipatorio	
Cobertura universal y acceso efectivo a los servicios de salud	• Dar capacidad resolutiva a las unidades de primer nivel
Promoción y educación para la salud	• Centrar tratamiento en las personas
Prevención de la enfermedad	• Formar recursos humanos de acuerdo con las necesidades
Detección oportuna del daño	• Integrar equipos multidisciplinarios para la atención de los pacientes
Atención médica con trato digno, calidad y calidez	• Ofrecer instalaciones seguras y con equipamiento de alta tecnología
Adherencia terapéutica	• Dar mayor prioridad a la investigación
Legalidad y respeto a derechos humanos	• Otorgar cuidados paliativos, preferentemente a domicilio
Planeación y coordinación sectorial	• Para el caso de adultos mayores, establecer una alianza con la familia y los cuidadores primarios
Participación social	• Establecer vinculación con escuelas de educación superior para la formación de recursos humanos acordes al modelo
Servicios integrales, continuos y diversificados	
Sostenible	

En el caso de las personas mayores, este modelo se enfoca en el envejecimiento saludable. Para lograrlo, plantea tres estrategias:

- Hacer un trabajo con la población de niñas y niños, adolescentes y jóvenes para modificar sus hábitos y adoptar un estilo de vida saludable. La consulta de control médico periódico es una herramienta de gran valor al respecto.

- Trabajar con los adultos de 40 años y más para concientizarlos sobre los cambios que su organismo presentará cuando cumplan 60; orientarlos sobre las acciones que deben realizar para estar en las mejores condiciones de salud cuando alcancen la tercera edad.
- Acercar servicios de salud a los adultos mayores, a través de centros de atención regionales, unidades móviles o visitas domiciliarias.

Para lograr contar con profesionales de la salud con calidad es imprescindible la coordinación con las instituciones de educación superior para integrar al plan curricular materias o competencias necesarias para brindar atención médica con esta perspectiva.

La característica más relevante de este paradigma es su proactividad, es decir, no esperar a que las personas enfermen, sino anticiparse y buscar al individuo o al grupo social cuando aún no ha enfermado.

El modelo anticipatorio en la Ciudad de México

Entre 2007 y 2017 la Secretaría de Salud de la Ciudad de México diseñó y operó un modelo anticipatorio en el cuidado de la salud, implementando algunos programas innovadores que brindaron amplios beneficios para la población de adultos mayores de 60 años.

I. El médico en tu casa

Este programa está dirigido a población de alta vulnerabilidad, particularmente a los adultos mayores. Sus objetivos son evitar daños graves a la salud, fortalecer la relación médico-paciente y ahorrar los gastos que se generan en áreas de urgencias y hospitalización.

Forma parte de la atención primaria en salud que otorga el gobierno de la Ciudad de México y tiene un presupuesto asignado por la Asamblea Legislativa para garantizar su permanencia y continuidad a pesar de los cambios de gobierno.

El programa se creó para la población marginada cuyo acceso a unidades médicas cercanas es muy difícil por razones físicas, económicas o de falta de conocimiento. No cubre emergencias, puesto que éstas son atendidas por el área de atención prehospitalaria que acude en una situación que requiere atención inmediata y traslado a un hospital.

Los beneficiarios son adultos mayores, discapacitados, postrados, personas en situación de abandono, personas con una enfermedad incurable en la fase terminal y mujeres embarazadas sin control prenatal. Para seleccionarlos, además de recurrir al censo de 2010 y las encuestas del Instituto Nacional de Estadística y Geografía (Inegi), se determinó realizar una visita a todos los hogares, particularmente los de las zonas marginadas, y realizar un censo que permitiera conocer cuántos de ellos necesitaban el servicio por circunstancias individuales, familiares o sociales.

El programa arrancó en las alcaldías de Iztapalapa y Gustavo A. Madero, fundamentalmente porque son las más pobladas y, de acuerdo con registros de la propia Secretaría de Salud capitalina, en ellas había ocurrido el mayor número de muertes maternas. Varias de las acciones que actualmente contempla el programa se fueron agregando conforme aparecía la llamada "demanda oculta de servicios", pues los hallazgos eran totalmente imprevisibles. Hasta 2017 8 de cada 10 pacientes atendidos por el programa han sido adultos mayores, junto con personas en situación de abandono o con enfermedad incurable en fase terminal.

Las acciones que se ofrecen a través del programa son:

1. *Atención médica.* Controlar los padecimientos crónicos y evitar o postergar complicaciones en los pacientes. El ser-

vicio es otorgado por un médico general, acompañado por personal de enfermería y trabajo social.

2. *Entrega gratuita de medicamentos.* La estrategia facilitó la adherencia terapéutica en pacientes con problemas crónicos, permitió programar visitas periódicas a los usuarios y, con base en su expediente clínico, prescribir y entregar los medicamentos necesarios a través de unidades móviles equipadas con una pequeña farmacia.

3. Realización de pruebas rápidas de detección de glucemia y antígeno prostático.

4. *Afiliación.* Las visitas a domicilio facilitaron la inscripción de los beneficiarios a los programas de Gratuidad y Seguro Popular, aprovechando que los documentos necesarios están resguardados en el domicilio.

5. *Estudios de laboratorio.* Para dar seguimiento a los parámetros que permiten valorar la evolución de un padecimiento, se cuenta con unidades móviles que programan visitas para tomar muestras de sangre y orina.

6. *Entrega de apoyos.* En coordinación con la Secretaría de Desarrollo Social, se contrataron servicios de empresas particulares que realizan pruebas de agudeza visual y auditiva para la entrega de anteojos y aparatos auditivos.

7. *Atención psicológica.* Se brinda terapia psicológica a los pacientes, familiares y cuidadores. También se da cuando fallece el paciente y es necesario apoyar el proceso de elaboración del duelo entre sus familiares.

8. *Atención odontológica.* A través de unidades dentales portátiles se otorga consulta y servicios de estomatología básicos como limpieza, extracción de piezas dentales y orientación en cuanto a técnicas de cepillado.

9. *Realización de mastografías.* El programa tiene contratados servicios privados en unidades móviles que periódicamente acuden a los domicilios de mujeres beneficiarias del programa.

10. *Canalización a servicios hospitalarios.* Se dan cuando es necesario, por complicaciones del paciente que sólo pueden resolverse en un ámbito de especialización de un hospital.

11. *Terapia de rehabilitación física.* Se programan visitas de terapeutas para los pacientes con enfermedades neurológicas, musculares y de las articulaciones.

12. *Cuidados paliativos.* Se integraron brigadas *ex professo* para la atención domiciliaria de los pacientes con enfermedad incurable en una fase terminal.

13. *Coordinación y derivación de solicitudes de apoyo para otras áreas del gobierno.* Al ingresar a los domicilios de las personas se observaron las condiciones para obtener otro tipo de apoyos, como asesoría jurídica, empleo, seguridad pública, obtención de actas de nacimiento, etcétera, lo que obligó a crear canales con instituciones locales y federales para solicitar el apoyo para el paciente, su familia o la comunidad.

Sin duda, el programa El Médico en Tu Casa ha dado visibilidad a muchos habitantes de la ciudad que no podían acceder a los servicios de protección a la salud a pesar de estar inscritos formalmente como beneficiarios de alguna institución.

Hay cuatro aspectos destacados del programa que, además de ser grandes aprendizajes, permiten proponerlo para operar en el resto del país:

A) La relación médico-paciente

La confianza que se generó durante la operación del programa ha hecho que los pacientes cumplan con facilidad y constancia su tratamiento. En el modelo tradicional, cuando los pacientes acuden a un centro de salud, clínica u hospital, generalmente tienen que esperar mucho tiempo antes de la consulta, el médico tiene una carga excesiva de trabajo, la comunicación es breve entre ambos; en muchos casos el paciente va solo y su familia no está enterada exactamente del problema de salud y de las indicaciones del doctor. Esto genera desconfianza y dudas en el paciente, la familia no le otorga el respaldo necesario porque no se involucra y el resultado más probable es no cumplir las indicaciones médicas. Esto se agrava cuando el paciente padece una enfermedad crónica.

Cuando las brigadas del programa El Médico en Tu Casa iniciaron las visitas, tuvieron la oportunidad de conocer el entorno en el que viven las personas, y al ingresar a los domicilios hubo comunicación efectiva con los enfermos y sus familias, lo que permitió conocer con mayor detalle su cuadro clínico para también escuchar detalles de su vida cotidiana y sus preocupaciones. Se creó un compromiso mutuo y también se sumó la familia. Esto facilitó el cumplimiento del tratamiento. Por su parte, las instituciones de educación superior que forman profesionales de la salud han enviado estudiantes de pregrado y posgrado a realizar prácticas comunitarias o su servicio social, pues consideran este espacio como una oportunidad única para comprender los determinantes sociales y fortalecer el compromiso ético profesional en cuanto al trato digno y de respeto total de los derechos humanos e idiosincrasia de los pacientes.

B) La inclusión

El programa ha beneficiado a las familias de menor nivel socioeconómico. Al visitar todas las viviendas sin discriminación, se cuestionó si se beneficiaría a familias que en realidad no necesitaban estos apoyos, en detrimento de las personas que sí lo requerían. La evaluación que hizo el Centro de Investigación y Docencia Económicas (CIDE) al diseño del programa encontró que 7 de cada

10 personas beneficiadas pertenecían a los estratos sociales menos favorecidos.

La visita a los hogares capitalinos permitió ubicar dónde había problemas de salud, carencia de seguridad social, falta de acceso a los servicios gratuitos del gobierno capitalino y pacientes beneficiarios del IMSS o del ISSSTE sin atención. En tres años de operación, el programa atendió a una de cada cuatro personas mayores de 65 años en la Ciudad de México.

c) Reducción de costos

Al anticiparse al daño a la salud, el programa disminuye costos de la atención médica que otorga el gobierno capitalino. Como señalamos antes, los servicios del programa están insertos en el modelo anticipatorio de protección a la salud. Al ser proactivo, no espera a que surja la necesidad, sino que aborda el proceso cuando esta necesidad aún no se ha presentado. Esto evita que las personas enfermas lleguen a una situación de crisis que las obligue a pedir apoyo a sus familias o a su comunidad, o que deban ser trasladadas de emergencia a un hospital.

Una consulta domiciliaria cuesta el doble que la que se otorga en un centro de salud, pero la mitad de una proporcionada en el servicio de urgencias de un hospital y entre la vigésima y vigésima quinta parte de un día en un servicio de terapia intensiva. Más que un gasto, El Médico en Tu Casa debe considerarse como una inversión.

d) Acciones comunitarias

Ingresar a los domicilios de los más vulnerables propició que las familias expusieran necesidades de otros de sus integrantes e incluso de la comunidad circundante. El vínculo creado con los profesionales de la salud facilitó que otras autoridades relacionadas con la política social del gobierno de la Ciudad de México pudieran llevar sus servicios y abordar de forma integral los problemas.

El programa propició que se hicieran acuerdos con tres universidades públicas y 14 universidades privadas para abrir el espacio académico y formar profesionales de salud enfocados en la comunidad. Esta integración con el sector educativo enriqueció el programa y ha permitido resolver algunos problemas en menos tiempo. Los acuerdos se extendieron a la Secretaría de Desarrollo Social y el Sistema para el Desarrollo Integral de la Familia (DIF) de la Ciudad de México, que fueron estableciendo acciones coordinadas para la entrega de pensión alimenticia a adultos mayores, anteojos, auxiliares auditivos, becas para discapacitados, apoyo para comedores comunitarios, entre otros.

II. Unidad de Atención Geriátrica

La Unidad de Atención Geriátrica de la Secretaría de Salud de la Ciudad de México es una clínica ambulatoria especializada en adultos mayores. Recibe casos geriátricos de difícil control que le son referidos de centros de salud y consultorios de geriatría de jurisdicciones sanitarias. Su objetivo es estabilizar, controlar o realizar valoraciones específicas. En su diseño y planeación tuvo el apoyo del Instituto Nacional de Geriatría y de la Facultad de Medicina de la Universidad Nacional Autónoma de México (UNAM). Además de realizar investigaciones con ambas instituciones, se pretende que la clínica sea un espacio para la formación de especialistas en geriatría y que se establezcan unidades de este tipo en diferentes alcaldías de la Ciudad de México.

La unidad cuenta con un programa descentralizado de atención al envejecimiento en 16 consultorios, distribuidos en cada una de las jurisdicciones sanitarias de la ciudad. En estos consultorios se promueve y fomenta la detección oportuna de padecimientos crónicodegenerativos y problemas relacionados con síndromes geriátricos.

La Unidad de Atención Geriátrica está ubicada al oriente de la capital, en la colonia Agrícola Oriental de la alcaldía Iztacalco, creada en principio, para recibir todos los casos de la ciudad. Sin embargo, en la práctica acuden más frecuentemente los adultos mayores de las alcaldías cercanas: Iztapalapa, Venustiano Carranza, Benito Juárez, Gustavo A. Madero e Iztacalco.

Los criterios generales para aceptar a un paciente son: ser mayor de 65 años, presentar dos o más síndromes geriátricos, tener riesgo de presentar discapacidad y, en algunos casos, atención al cuidador en caso de colapso, es decir, una crisis por el gran esfuerzo físico y psicológico que implica la responsabilidad de estar a cargo de un adulto mayor.

La clínica se inauguró en agosto de 2016 y brinda atención integral para la salud a los adultos de más de 60 años, con enfoque geriátrico y gerontológico, sin discriminación y favoreciendo las acciones preventivas y de promoción dirigidas a preservar su funcionalidad y autonomía. Brinda servicios de geriatría, nutriología, neurología (incluyendo Alzheimer y Parkinson), detección temprana de osteoporosis, salud bucal, ultrasonido, oftalmología, audiología, neuropsicología, psicología, rehabilitación integral y tina de hidromasaje.

A través de la importante labor del área de Trabajo Social, se forman grupos de ayuda y se organizan cursos de capacitación y asesoría para los familiares de adultos mayores que tienen algún proceso de demencia.

III. Clínica de Odontogeriatría

En 2010, según datos de la Secretaría de Salud, 7 de cada 10 personas de 65 años o más sufrían enfermedad periodontal y habían perdido 10.5 piezas dentales en promedio.[2] Por lo anterior, el gobierno local puso en marcha un proyecto que contempla la instalación de varias clínicas en la metrópoli. La primera se abrió en agosto de 2015, en Iztapalapa, por tener el mayor número de habitantes y presentar la mayor demanda de servicio.

La clínica brinda servicios especializados de salud bucal que permiten a los adultos mayores recuperar su función masticatoria, con el fin de lograr una buena nutrición y mejorar su estado general de salud. Todos los servicios son gratuitos, a excepción de las prótesis dentales, que se otorgan a muy bajo costo y a crédito a través de la tarjeta de pensión alimentaria.

La Secretaría de Salud de la Ciudad de México cuenta con una red de atención con poco más de 430 unidades dentales fijas y más de 100 unidades móviles. Cuando se detecta a un adulto mayor que requiere una atención más especializada, se le envía a la Clínica de Odontogeriatría. De igual forma, cuando un paciente ingresa a la Clínica de Geriatría es revisado por el odontólogo general, que lo valora y lo canaliza al área de especialidad adecuada.

IV. Programa de cuidados paliativos

Este programa, incluido en los servicios del Seguro Popular, permite que una persona en fase terminal reciba apoyos médicos, de enfermería, psicológicos, de trabajo social y tanatológicos. Éstos se dan de forma gratuita, en un hospital o en su propio domicilio, para vivir este proceso con dignidad y respetando sus derechos humanos.

---

[2] Secretaría de Salud, Dirección General de Epidemiología. Disponible en: https://www.gob.mx/salud/documentos/informes-sivepab-2010. Consultado el 21 de marzo de 2018.

Los cuidados paliativos que brinda este programa se centran en el enfermo y contemplan su entorno familiar, social, profesional y espiritual. Los objetivos son: evitar sufrimientos y frustraciones a través del alivio del dolor y el estrés; ayudar a los pacientes a vivir activamente hasta el momento de su muerte; brindar a la familia y al propio paciente elementos para elaborar su proceso de duelo, y trabajar a través de un equipo multidisciplinario para afrontar un problema tan delicado como una enfermedad incurable.

Aunque los casos específicos varían en su sintomatología y complejidad, todos los beneficiarios requieren mejorar su calidad de vida a través del alivio del dolor, contar con buenas condiciones de hidratación e higiene o recibir terapias de psicología o tanatología. La atención primaria de los cuidados paliativos se proporciona por medio del programa El Médico en Tu Casa, con un equipo multidisciplinario conformado por médico, enfermera, psicólogo, trabajador social y promotor de la salud. Si ameritan atención de segundo o tercer nivel, son canalizados a donde corresponda o, si están en el hospital, regresan a su casa para recibir la atención en un espacio más confortable.

Los equipos que brindan este servicio han sido preparados a través de un diplomado que se imparte conjuntamente con la UNAM, y mensualmente evalúan su trabajo a través de sesiones académicas.

Desde la perspectiva del modelo anticipatorio, los cuidados paliativos representan la posibilidad de prevenir el encarnizamiento terapéutico basado en el argumento de que hay que curar a toda costa. Cuando los cuidados se dan en el hogar del enfermo, se reconoce su derecho de decidir, se respeta su dignidad y sus derechos humanos, lo que posibilita que fallezcan en compañía de sus familiares. El programa también capacita y orienta a los familiares o personas que asumen el papel de cuidadores primarios.

V. Voluntad anticipada

Este programa busca evitar que se hagan intervenciones no aprobadas por los beneficiarios con el propósito de prolongar su vida artificialmente. Esta decisión anticipada facilita el proceder de los profesionales de salud a cargo y evita conflictos familiares.

En 2008 la Asamblea Legislativa del Distrito Federal aprobó la Ley de Voluntad Anticipada. El propósito fue dar una alternativa a opciones como la eutanasia o la muerte asistida, para que una persona pudiera expresar su decisión de evitar tratamientos o procedimientos médicos (reanimación cardiopulmonar, respiración mecánica, alimentación por sonda, ente otros) cuando se encuentre en enfermedad terminal. La Ciudad de México fue pionera en este tema, y posteriormente otras 13 entidades federativas han creado ordenamientos al respecto.

Hay dos maneras de expresar esta decisión, la primera es a través de un documento que se firma ante notario público, la otra, por medio de un formato suscrito por el enfermo en etapa terminal, ante el personal de salud correspondiente y dos testigos.

Aunque existen otros muchos programas orientados específicamente a la salud de los adultos mayores, los que hemos presentado aquí constituyen importantes respuestas a la necesidad de reconfigurar las estrategias del sistema de salud mexicano. El objetivo principal ya no debe de ser curar, sino promover la salud, prevenir las enfermedades y detectarlas en fases tempranas. La anticipación puede modificar e incluso eliminar factores de riesgo en grupos vulnerables.

Sabemos que es necesario trabajar más en mejorar el nivel de vida y la salud de los adultos mayores, sin embargo, los resultados de las acciones emprendidas en la Ciudad de México permiten pensar que vamos por el camino adecuado.

Saca tu mejor versión.
Ejercicios para envejecer exitosamente

Psic. Marlene Ríos Mars

Comencemos por un ejercicio muy simple.

- Piensa en el ritmo de vida que llevas hoy en día, sea cual sea tu edad. Imagina cómo te verás a los 70 años. Y si tienes 70 años o más, ¿cómo te ves de aquí a 10 años? Escribe las características que pensaste.
- Ahora piensa en un adulto mayor. ¿Es hombre o mujer? ¿Qué edad tiene? ¿Puede caminar, usa silla de ruedas, necesita caminar con un bastón? ¿Crees que puede hacer ejercicio físico? ¿De qué color es su cabello? Descríbelo.
- Basado en la vida que llevas hoy en día, ¿cómo sería tu versión de ti en el futuro? ¿Tienes hábitos saludables, cuidas tu alimentación y nutrición, cuidas tu salud física y mental? De acuerdo con lo que has pensado, ¿crees tener un envejecimiento saludable?

A lo largo de este capítulo vamos a revisar cómo puedes cuidarte *hoy* para estar mejor mañana. Te contaré, de manera muy sencilla, las diferentes acciones que puedes ir tomando en tu día a día en cuanto a alimentación, ejercicio físico, actividad mental o cognitiva, descanso o vida social, y cómo todos estos factores fomentan tu salud integral.

Antes de ponernos en acción, repasemos algunos conceptos.

El ser humano es la suma y equilibrio de diferentes áreas. Somos biología y psicología; somos seres sociales y espirituales. El doctor George L. Engel propuso en 1977 el modelo biopsicosocial, en el que diversas profesiones se unen para conocer la enfermedad desde todos los aspectos humanos. Este modelo da importancia no sólo a la biología, sino también a los factores psicológicos, sociales y espirituales. Estos últimos no se refieren solamente a la religión, sea cual sea, sino a la disposición de buscar el bienestar espiritual.

Desde el punto de vista neuropsicológico, el ser humano percibe el mundo e interactúa en él a través de las funciones cognitivas (atención, memoria y lenguaje) y las funciones ejecutivas, las gnosis y las praxias. Todas están relacionadas y muchas veces trabajan al mismo tiempo.

Nuestra historia personal también influye en cómo llegamos a la segunda etapa de la vida. Un polaco y un mexicano envejecen de manera distinta; los procesos son los mismos, sin embargo, cambian la genética del individuo, la psicología y sus hábitos culturales, es decir, las costumbres y la manera en la que se relaciona con el mundo.

En México, como en otros países, nuestros hábitos y costumbres han cambiado, generando cambios en las expectativas de vida. Por ejemplo, en 1990, según el Consejo Nacional de Población (Conapo), por cada 100 niños y jóvenes había 16 adultos mayores; en 2015 había 38 adultos mayores por cada 100. Para 2030 serán casi 43 adultos mayores por cada 100 jóvenes. Y esta cifra va en aumento, lo que quiere decir que tenemos que tomar conciencia y actuar para fomentar el respeto, el cuidado, la educación y la legislación para el adulto mayor, entre otros temas de acción.

"En el año 2010 había 17 adultos mayores por cada 100 jóvenes. La cifra creció a 19 en 2013. Para el año 2030 se estima que habrá casi 43 adultos mayores por cada 100 jóvenes."

Conapo

¿Qué tengo que hacer para no tener un envejecimiento exitoso?

Casi siempre nos dicen qué tenemos que hacer para poder llegar a nuestros objetivos (más adelante también te lo diré). Sin embargo, ahora te voy a guiar para que sepas si estás haciendo lo que *no* te va a ayudar a llegar a un envejecimiento exitoso. Al finalizar el capítulo harás tu propia guía para lograrlo.

¿Alguna vez te has preguntado cuándo comenzamos a envejecer? La respuesta es obvia: nuestro envejecimiento empieza el día de nuestro nacimiento. Por lo tanto, tengas la edad que tengas, este capítulo aplica para ti.

El proceso de envejecimiento es individual y está ligado a varios factores. Algunos de ellos no dependen de nosotros, sino que vienen inscritos en nuestros genes o están determinados por el género, el lugar o las condiciones donde crecimos, así como la alimentación que recibimos en las primeras etapas de la vida. Si bien hay factores que no dependen de nosotros, hay conductas diarias que influyen en nuestras decisiones y forman parte de nuestro estilo de vida.

Vamos a pensar en la señora X. Se levanta a las 6:00 de la mañana, va a ducharse y a lavarse los dientes. A las 6:30 está despertando a los hijos, después les prepara el desayuno y un café para ella. A las 6:45 sus hijos están desayunando. La señora X no ha tenido tiempo de hacer algo de comer para ella, por lo tanto, sólo se toma un café. Tienen que salir de casa a las 7:15 para dejarlos en el colegio a las 8:45. Al dejar a los hijos enciende su primer cigarro del día (a veces también fuma otro al despertar). Maneja estresada en el tráfico, pues tiene que llegar a tiempo a la oficina para una reunión importante. Al llegar, le espera gran cantidad de pendientes y, para estar al máximo, decide tomarse otro café. Al terminar la reunión come una o dos galletas, porque no le da tiempo de ir a desayunar. Sin darse cuenta, ya es la hora de la comida. Come con sus compañeros en 45 minutos, hablando de trabajo. Fuma un cigarro. Sigue trabajando, pero a media tarde requiere un descanso, por lo que sale y fuma otro cigarro. El día vuela, ya es hora de ir por los hijos al colegio. Llegan a casa, les pide que hagan sus deberes y, mientras tanto, prepara la cena y limpia los platos del desayuno. Cenan todos juntos y disfrutan del momento. Lleva a los hijos a dormir y continúa con un pendiente del trabajo o una labor en casa, como poner una lavadora. Fuma otro cigarro. Finaliza el día y va a la cama, pero antes de dormir se le antoja ver un capítulo de una serie o de su telenovela favorita.

¿Tu día se parece en algo al ejemplo anterior?

Al finalizar el capítulo vuelve a este ejemplo.

Vamos muy acelerados en la vida diaria. Como tenemos muchos asuntos pendientes, nuestra mente está pensando varias cosas a la vez y el día se nos hace corto. Dormimos pocas horas y descansamos aún menos. Fumar en exceso, trabajar en exceso, tomar alcohol en exceso, ingerir drogas, automedicarse, no realizar actividad física, hacer ejercicio en exceso, dormir menos de siete o más de 10 horas diarias, descansar poco, no socializar, alimentarnos a deshoras o de manera desequilibrada son algunos de los hábitos que afectan un desarrollo saludable. Es cierto que algunos son difíciles de cambiar, pero debemos encontrar un balance.

¿Cómo dejar aquellos hábitos que interfieren en tu crecimiento óptimo? Recuerda que lo importante es crear un equilibrio, pues el exceso en cualquier actividad puede tener efectos contrarios a los que buscas.

Nutrición

La alimentación es de suma importancia para el correcto desarrollo cerebral desde antes de que el niño nazca. Nuestra alimentación desde el vientre materno y durante la infancia determinan que nuestra vejez sea exitosa. Y si a lo largo de la vida mantenemos una dieta adecuada, las funciones cognitivas se desempeñan correctamente y se potencializan.

Según cifras del Fondo de las Naciones Unidas para la Infancia (UNICEF), México es el primer país a nivel mundial en obesidad infantil y el segundo en obesidad en la edad adulta. ¡Siete de cada 10 mexicanos tienen sobrepeso u obesidad! ¿Te imaginas de qué manera repercute esto en su crecimiento y envejecimiento? Como viste en otros capítulos, la diabetes, enfermedad vinculada a la obesidad, se encuentra entre las primeras causas de muerte en México. Para evitarla, la Encuesta Nacional de Salud y Nutrición (Ensanut) te recomienda:

- Evitar las bebidas con aporte calórico alto.
- Ingerir menos alimentos con alta densidad energética.
- Nutrirse con alimentos saludables de forma equilibrada.
- Si es posible, realizar la dieta mediterránea,[1] cuyos nutrientes han probado ser protectores contra el deterioro cognitivo.

Ejercitar el cerebro

Si estás leyendo este libro es porque estás interesado en conocer más sobre tu propio envejecimiento o el envejecimiento de un ser querido. Probablemente has buscado formas de ejercitar tu cerebro y has encontrado que hacer sudoku o jugar ajedrez son formas de mantener activo el cerebro. Y tienen razón: esos "juegos" lo ejercitan, lo obligan a pensar. Pero, ¿sabes qué pasa cuando no estás pensando?

Nuestro cerebro es el responsable de cómo interpretamos e interactuamos con todo lo que nos rodea y lo que nos sucede, pero

---

[1] www.dietameditarranea.com.

no siempre está en uso. Si no has sufrido ningún accidente o trauma craneal ni tienes dañada ninguna parte del cerebro, entonces todo tu encéfalo está en activo, ya sea con mayor o menor actividad.

De hecho, mientras estás leyendo este libro, varias áreas de tu cerebro están en funcionamiento. Estás tocando el libro con tus manos, imaginando las palabras en tu mente o leyendo en voz alta, escuchando el ruido a tu alrededor, y seguramente hasta puedes oler a la persona sentada junto a ti. Las áreas de recepción, elaboración y almacenamiento de información están trabajando al mismo tiempo en tu cerebro, no de manera aislada sino de forma integral.

El conocimiento acumulado durante siglos ha confirmado los beneficios de ejercitar nuestro cerebro. El cómo lo hacemos estará determinado por nuestros objetivos y expectativas de vida. Existen muchas tareas que podemos poner en práctica para mantener la salud cerebral, su eficacia también dependerá de cómo estén nuestras funciones cognitivas.

A) ATENCIÓN

La atención es un proceso cognitivo básico que permite controlar el flujo del procesamiento de la información. Según Sholberg y Mateer, hay cinco niveles de atención:

Arousal: es la atención más básica, en la que la persona está despierta y se mantiene alerta. Por ejemplo, estás durmiendo y alguien te habla, abres los ojos y despiertas como respuesta.

Atención focal: es la capacidad cognitiva de mantener la atención en un solo estímulo visual, auditivo o táctil, independientemente del tiempo. Por ejemplo, vas conduciendo en el coche y enfocas tu atención en manejar con cuidado para evitar un accidente.

Atención selectiva: en un entorno con muchos estímulos, es la capacidad de elegir el que te interesa e inhibir los demás.

Por ejemplo, cuando estás en un restaurante donde hay mucha gente hablando, eliges poner toda tu atención en escuchar a la persona con la que estás, seleccionas los sonidos que te interesan e inhibes el resto (dejas de poner atención a los otros).

Atención sostenida: es la capacidad de mantener una respuesta de manera continuada durante un periodo de tiempo prolongado. Por ejemplo, ver una película de principio a fin.

Atención alternante: es la capacidad de cambiar el foco de atención (flexibilidad cognitiva) entre diferentes procesos cognitivos, siendo consciente de qué información es controlada en cada momento. Por ejemplo, aunque quieras trabajar en la computadora y leer un libro, no puedes hacer ambas cosas al mismo tiempo; lo que sí puedes es hacer una y después la otra, y alternar las acciones sin perder "el hilo" de lo que estás realizando.

Atención dividida: es la capacidad de mantener la atención en dos estímulos al mismo tiempo. Por ejemplo, puedes manejar en un trayecto ya conocido e ir hablando con el copiloto. Como ya te sabes el camino, puedes realizar esta acción "en automático" sin que se traslape con la conversación.

Para finalizar, te propongo un sencillo ejercicio de atención: encierra en un círculo todos los números 8.

7	2	4	4	6	2	1	5	8	9	5	4	2	6	0
3	2	5	8	3	1	4	3	6	7	8	9	3	6	8
3	8	9	4	5	7	2	1	7	8	0	7	8	0	4
7	2	5	2	4	8	7	5	1	0	9	6	3	4	1
3	4	2	8	9	7	5	8	0	1	3	5	2	4	8
4	3	8	4	9	0	5	4	4	6	7	1	6	8	0

B) MEMORIA

La memoria es la capacidad cognitiva que tenemos de retener y evocar eventos del pasado a través de procesos neurobiológicos que nos permiten almacenar y recuperar la información que aprendemos. El aprendizaje va ligado a la memoria, cuya unidad elemental son los cognitos. Los cognitos son una red de asambleas neuronales en la corteza cerebral que al conectarse al mismo tiempo crean aprendizaje.

Imagina que tienes que ir al supermercado desde tu casa caminando. Hay cuatro rutas por las que puedes ir. Si de lunes a jueves usas una ruta diferente utilizando una aplicación en tu celular, el viernes no sabrás cómo llegar sin usar la aplicación. Ahora imagínate que de lunes a jueves recorres el mismo camino utilizando la aplicación como guía. El viernes ya no necesitarás la ayuda de la app para llegar al supermercado porque ya habrás aprendido el camino. Cuando repites la misma información en tu cerebro, las redes neuronales hacen la misma conexión, por lo que ya no necesitas ver el móvil, simplemente guías tus pasos conforme vas reconociendo lo que has visto antes. Es así como se crean los cognitos, las conexiones neuronales que conforman el aprendizaje.

Pero la memoria no es una sola, sino que hay distintos tipos de recuerdos y, al igual que en la atención, existen ejercicios específicos para cada uno, dependiendo de lo que cada uno quiera trabajar. A través de los siguientes ejercicios podrás reconocer los distintos tipos de memoria mientras te ejercitas:

Memoria episódica

- ¿Cuál es el nombre del presidente de México?
- ¿Cómo se llama el papa actual?
- ¿Quién es el autor de la canción "El rey"?

Memoria semántica

- El animal que tiene lana es...
- La mujer de su hijo es su...
- La figura geométrica de cinco lados es...

Memoria biográfica

- El día de mi nacimiento es el...
- Observa una fotografía con tu familia y amigos y menciona los nombres y parentesco de las personas.
- Explica o escribe un acontecimiento personal.

Memoria de trabajo

- Di los siguientes números y después repítelos en orden inverso sin mirar: 6 - 3 - 9 - 1 - 4.
- Lee la siguiente palabra en voz alta y deletréala al revés sin verla: filete.
- Lee la siguiente frase y repítela sin verla: El presidente ha dado el grito en el Zócalo de la Ciudad de México.

C) LENGUAJE

El lenguaje es una función superior por medio de la cual nos comunicamos. Para interactuar, nuestro cerebro recurre a diferentes formas de codificación y descodificación. Así como hay varias maneras de transmitir información, existen diferentes lesiones cerebrales que afectan el lenguaje y generan trastornos. Algunas lesiones afectan el área específica del cerebro que hace que una persona hable de manera fluida. Aunque hable, no entiende lo que dice porque está lleno de parafasias, es decir, palabras que sustituyen a otras que son similares en sonido, pero que no significan lo mismo.

En los adultos mayores se da con frecuencia la repetición de la misma frase o experiencia. Esta repetición puede deberse a una alteración en la memoria, sin embargo, es importante realizar una exploración exhaustiva para conocer las afectaciones específicas de cada persona.

Sardinero-Peña nos propone algunos ejercicios para trabajar el lenguaje:

- Ordena las palabras para escribir una frase

parque	a	nietos	ido	mis	al	buscar	he	a

Frase: _____

¿Qué palabra es?

- Instrumento musical de seis cuerdas:
- País que habla nuestra misma lengua y es monárquico:
- Órgano del cuerpo por el cual vemos:

Lee la frase y elige la palabra adecuada

- Intentar encontrar algo:

tratar	recoger	guardar	localizar

D) Funciones ejecutivas

Las funciones ejecutivas son procesos cerebrales que nos permiten guiar nuestro comportamiento a través de modelos mentales internos, disociándonos del entorno inmediato. La flexibilidad cognitiva y la adaptación al medio nos permiten ajustarnos a la vida a pesar de los cambios. Por ejemplo, la planeación de un viaje requiere de planificación, iniciativa, organización, monitoreo, verificación, improvisación, etcétera. Todos estos pasos son funciones ejecutivas, ya que son procesos internos que nos permiten guiar nuestro comportamiento y adaptarnos a los cambios.

Otra función ejecutiva es mantener, manipular y transformar información en la mente. Las actividades que realizamos día a día pueden pasar como tareas simples, sin embargo, una lesión cerebral puede afectar la capacidad de realizarlas. Un ejemplo simple de esto es el cálculo que usamos cuando vamos a hacer una compra y hacemos un recuento mental para ver si nos alcanza el dinero antes de llegar a la caja.

Hagamos unos ejercicios:

- Piensa en un próximo viaje, decide a dónde quieres ir y escribe lo que tienes que realizar para poder pasar unas buenas vacaciones.
- ¿Cuáles son los pasos para hacer una quesadilla?
- Suma los últimos dos números: 5 748.
- Suma el primer y el último número: 8 463.
- Suma todos los números y multiplica el resultado por 2: 3 985.
- ¿Qué números impares hay entre el 56 y 79?

E) PRAXIAS Y GNOSIAS

Durante nuestra vida hemos aprendido movimientos que con la práctica se vuelven automáticos, no tienes que pensar para hacerlos. Estas habilidades motoras que se realizan con un objetivo se llaman praxias. Un ejemplo sencillo sería saludar con la mano a otra persona; este gesto motor puede dejar de ser automático o desaprendido en el caso de una persona que padece Alzheimer.

Las praxias son importantes en las actividades básicas de la vida diaria (ABVD), como el aseo personal, lavarse los dientes, maquillarse, vestirse, desvestirse, conducir, escribir, etcétera. Aunque parezca sencillo lavarte los dientes, intenta hacerlo con la mano opuesta a la que regularmente lo haces, ¿verdad que no fue tan fácil? También puedes intentar escribir con la mano opuesta, verás que se complica un poco más. ¿Alguna vez has escuchado el dicho "Nadie sabe lo que tiene hasta que lo pierde"?

Aquí te comparto pequeños retos para ejercitar para las praxias:

- Completa la siguiente imagen:

- ¿En qué orden te pones las siguientes prendas de vestir?:
  ___ pantalones
  ___ ropa interior
  ___ zapatos
  ___ camisa
  ___ calcetines

Las gnosias son capacidades que utilizamos… sin saber que un día podemos perderlas. Éstas tienen una enorme importancia en nuestra vida. Cuando ves a tu madre, tu padre, tu hermano, tu amigo, tu pareja, puedes reconocer su figura corporal y su identidad a través de los sentidos, incluyendo el olfato. Pero existen personas que han perdido la capacidad de reconocer a personas cercanas debido a una lesión cerebral.

Las gnosias son el conjunto de capacidades cerebrales que, a través de estímulos sensoriales, nos permiten reconocer información, sean objetos, personas o lugares, que anteriormente ya hemos conocido o aprendido. Por lo tanto, si te vas de viaje a África (o a un lugar en el que nunca habías estado) y te dan un objeto cilíndrico, abierto por arriba y con una tapa por debajo, seguramente pensarás en un vaso. No habías visto antes esta forma de vaso, sin embargo, cuando te lo dan, seguramente lo usas para poner algún líquido dentro. Esto se debe a que ya has aprendido el uso que tienen objetos similares.

Las gnosias se clasifican en simples y complejas. En las simples interviene un solo canal sensitivo: visual, auditiva, táctil, gustativa y olfativa. En las complejas intervienen dos canales, como en el esquema corporal, que es la representación mental de tu cuerpo, sus partes y cómo está en el espacio.

¿Quieres ejercitar las gnosias?

- Coloca diferentes objetos dentro de una caja.
- Cierra los ojos y mete la mano en la caja.
- Comienza a sacar objetos y descríbelos según lo que te dicen tus sentidos.

Ya conoces un poco más sobre cómo funciona nuestro cerebro.

Si tuviste dificultad para resolver alguno de los ejercicios, puede que exista alguna alteración cognitiva significativa, por lo que te recomiendo acudir con un profesional de la salud. Antes de una intervención farmacológica, suele trabajarse con rehabilitación neuropsicológica. Ésta tiene como objetivo optimizar la funcionalidad del paciente a nivel personal, familiar, escolar/laboral y comunitario. La estimulación cognitiva también se realiza en casos de alteración clínicamente significativa, pero está enfocada en maximizar las capacidades residuales y minimizar o mantener el déficit que presenta. Por lo tanto, si estás leyendo este libro para encontrar opciones, entender y ayudar a un ser querido que ya presenta alteración, o sospechas que presenta alteración en alguna de las funciones cognitivas mencionadas, o bien, si tu meta es favorecer tu propio envejecimiento exitoso a través de acciones cotidianas, te recomiendo comenzar a poner en práctica estos consejos. Y no olvides consultar a tu médico para descartar algún tipo de déficit cognitivo.

F) Ejercicio físico

Las actividades de los niños y los adultos son cada vez más sedentarias hoy en día. La tecnología, de la cual dependemos cada vez más, tampoco contribuye a remediarlo, pues nos invita a realizar menor esfuerzo físico y a veces también mental. Ante este panorama, los desarrolladores digitales han creado videojuegos que ayudan al adulto mayor a moverse de una manera divertida y a acoplarse a sus capacidades, así como juegos aptos para todas las edades, que fomentan la actividad mental.

No es la tecnología la que nos hace sedentarios, somos nosotros quienes determinamos su uso. Las personas que están menos apegadas a la tecnología y las pantallas tienen más tiempo para realizar actividades físicas. Eso no quiere decir que estén todo el día haciendo ejercicio, sino que prefieren caminar a usar el auto, van al trabajo en bicicleta o realizan trabajo físico en el campo.

Te propongo una reflexión. Escribe cuánto tiempo dedicaste a las siguientes actividades en la última semana. Sé sincero, sólo así podrás ir cambiando hábitos que fomenten tu salud cerebral y corporal:

- Ocio (ver series, leer, sentado o acostado): _____
- Estar sentado trabajando o estudiando: _____
- Hacer ejercicio (correr, lagartijas, etcétera): _____
- ¿El tiempo que pasas sentado o acostado es mucho mayor que el que realizas actividad física? _____

Si en tus labores diarias realizas mucha actividad cognitiva y te relajas viendo televisión, si eres una persona sedentaria y no realizas ningún tipo de ejercicio físico por la razón que sea, tendrás mayor probabilidad de desarrollar enfermedades cardiovasculares, diabetes, sobrepeso u obesidad, depresión, etcétera. Tal como lo plantea el modelo SPIRE (capítulo IV), el ejercicio físico es fundamental para un envejecimiento exitoso. Recuerda no excederte, porque puede resultar contraproducente. Comienza poco a poco y verás cómo tu cuerpo y tu mente (tu estado de ánimo y funciones cognitivas) van respondiendo de manera positiva.

G) DESCANSO NOCTURNO

Un gran porcentaje de los adultos mayores presenta alteraciones de sueño. Esto los hace estar cansados durante el día y sentirse con menos energía para poder realizar sus tareas. Es cierto que en cada etapa de la vida nuestro cuerpo necesita más o menos horas de descanso. Los recién nacidos duermen entre 16 y 17 horas al día en lapsos de aproximadamente tres horas. Los niños de dos a cinco años pasan la mitad del día durmiendo, y a partir de esta edad y durante la adolescencia duermen alrededor de 10 horas al día.

Pareciera que al llegar a la edad adulta dejamos de preocuparnos por nosotros mismos, ya no escuchamos a nuestro cuerpo y realizamos todas las tareas que nos "exige" la vida adulta. Entre las fiestas, el estudio, el trabajo y la familia, olvidamos que el cuerpo necesita dormir, descansar y nutrirse. Ante el cansancio, buscamos sustancias alternativas para mantenernos atentos y ser productivos. Sin embargo, estas opciones pueden alterar el correcto funcionamiento de nuestro cerebro y hacernos creer que estamos mejor al ingerir estos productos.

Los estimulantes te hacen sentir mejor, pero sólo por un tiempo. Tu cuerpo responde, no te sientes tan cansado, logras avanzar con tus labores y sentirte "más despierto". Probablemente tengas la sensación de que tu mente va más rápido y, al igual que cuando trabajas bajo presión, lo haces mejor. Y tal vez también te hayas dado cuenta de que al bajar el nivel de activación no sólo estás cansado, sino que te sientes agotado y requieres más horas de descanso para recuperarte.

Tu cerebro sufre con estos altibajos de manera significativa. El estrés y la falta de sueño y descanso crean síntomas que posiblemente hayas vivido, como ir y venir a un sitio sin poder recordar para qué ibas, conducir camino a casa, cuando en realidad querías ir a otra parte, olvidar dónde dejaste las llaves… Tal vez temes estar desarrollando algún tipo de demencia (escuchamos hablar todo el tiempo del Alzheimer). Sin embargo, algunas veces estos síntomas son reflejo de una alteración en la atención debido al cansancio y las tensiones, que a su vez producen olvidos.

También es importante que evalúes tu día y cómo lo vives. ¿A qué hora te vas a dormir? ¿Tienes un "ritual" para ir a dormir? ¿Cuántas horas estás durmiendo? ¿Descansas lo suficiente cuando duermes? ¿Te cuesta trabajo quedarte dormido? Durante la noche, ¿despiertas varias veces? Por la mañana, ¿estás despertando más temprano de lo que normalmente lo haces?

Todas estas preguntas te ayudan a conocer tus hábitos de descanso. Si quieres tener un envejecimiento exitoso, tienes que trabajar en que éstos sean saludables. Te animo a que lo intentes con estos consejos:

- Duerme entre siete y nueve horas diarias ininterrumpidas.
- Al ir a dormir apaga luces, televisión y aparatos electrónicos.
- Cuando estés en la cama y te cueste trabajo quedarte dormido respira hondo durante tres segundos y suelta el aire durante otros tres segundos; repite este ejercicio el mayor número de veces hasta quedarte dormido.
- Intenta controlar tus pensamientos a través de la respiración; concéntrate en cada parte de cuerpo y en tu propia respiración.

- Si te estás despertando muy temprano y esto afecta tu actividad diaria, no duermas siesta ni tomes estimulantes durante la tarde, ya que es posible que tu organismo requiera menos horas para el descanso.
- Si a pesar de todos estos consejos no logras un descanso en tu sueño o presentas problemas para dormir, ve con tu médico y cuéntale tus síntomas.

H) SER SOCIAL

El adulto mayor experimenta gran cantidad de cambios biológicos, psicológicos y sociales. Algunos son positivos durante un periodo de tiempo, por ejemplo, la jubilación, ya que se espera con gusto y con ilusión por los planes que se hacen. Sin embargo, también hay nerviosismo o temor cuando se llega a esta etapa de la vida, porque en algunas culturas esta edad se asocia a la disminución de capacidades físicas y cognitivas.

Es probable que la persona que presenta algún impedimento físico o cognitivo para llevar a cabo actividades de la vida diaria también deje de realizar actividades que antes le agradaban. Imagina que requieres ayuda de un enfermero para asearte, ducharte e ir al baño. Es probable que te sientas incómodo y te cueste dejarte ayudar, por lo que quizás optes por limitar encuentros sociales con tus amigos, y que tu círculo social se reduzca a tus familiares.

Para no aislarse ni desarrollar una depresión o posible deterioro cognitivo, las relaciones sociales son básicas. En un estudio realizado en Cuba con adultos mayores, después de una intervención de cuatro meses, realizando diferentes actividades en grupo, en 80% de los casos el nivel de autoestima se elevó a medio y alto, siendo que al comenzar el estudio 55% reportaba un nivel medio y bajo. Mantener las relaciones sociales y una actitud positiva favorecen la estimulación cognitiva, que, como vimos antes, es un factor protector para no desarrollar sintomatología de un deterioro cognitivo.

El sexto piso: mi plan de vida

Antes de comenzar, reflexiona por un momento:

¿Cómo te sientes en este momento de tu vida, en la situación laboral, familiar, económica, social y personal? ¿Estás tranquilo, feliz, realizado?

Cada individuo es la suma de las diferentes "caras" de su vida. Como individuo, tiene gustos y aficiones; como trabajador, asume un rol como empresario o empleado; en la familia también ocupa un lugar y cumple uno o varios papeles a lo largo de su vida; en el ámbito social es amigo, compañero, voluntario, líder vecinal, etcétera.

De igual forma, cada persona tiene sus propios planes de vida. Para los jóvenes posiblemente sea viajar y emprender un proyecto propio; para los más adultos, trabajar para conseguir un mejor puesto o formar una familia; para el adulto mayor que llega a los 60 años, tal vez sea disfrutar de su jubilación. Una persona que llega a los 70 u 80 años, después de 10 años sin trabajar, ¿cuál será su plan de vida?

La sociedad nos enseña que nuestro valor está en lo que hacemos. No valemos por el simple hecho de *ser* humanos. Por lo tanto, cuando llegamos a una edad en la que no producimos o tenemos una enfermedad que no nos permite ser productivos, solemos perder la motivación que nos hace despertarnos cada día. Como vimos a lo largo del libro, si este decaimiento no se atiende, puede desembocar en una depresión. Crear un plan de vida, sea cual sea tu edad, te llevará a vivir una vida más saludable y más plena.

Te propongo diseñar un plan de vida. Para ello, te propongo que éste no tenga como eje las actividades lucrativas o la vida profesional, sino las actividades de ocio y disfrute. Este plan de vida será válido para un año, así irás cambiando constantemente sin dejar que la rutina o la monotonía te aburran y dejes de motivarte. Si quieres continuarlo cuando termine el año, adelante. Y si antes del año quieres cambiarlo, también hazlo. Éste es un ejercicio que has de acoplar a tu propia vida.

Piensa primero en cuáles son tus gustos, cuáles son tus aficiones, qué actividades te gustaría aprender a hacer (¡nunca es tarde para comenzar!) y a qué le quieres dedicar más tiempo. Te iré guiando paso a paso para crear tu propio plan de vida.

1. Escribe tres o más *actividades* o *aficiones* a las que te gustaría dedicar más tiempo. Ejemplo: la lectura.

   a) _____

   b) _____

   c) _____

4. ¿Cuál es el *objetivo* que quieres lograr con cada actividad? El objetivo debe ser realista y a corto plazo, así irás cambiando las actividades una vez al año. Ejemplo: leer un libro al mes.

   a) _____

   b) _____

   c) _____

4. Ahora, para poder llegar a estos objetivos hay que realizar una serie de tareas semanales, así nos mantendremos activos y con una meta por semana.

   Ejemplo: leer dos páginas al día.

   a) _____

   b) _____

   c) _____

Busca diferentes maneras de potenciar tu plan de vida. Por ejemplo: en la lectura, cada vez que termines un libro, escribe una pequeña reseña, cuéntale a alguien tu experiencia al leerlo o incluso puedes acudir a algún club del libro, así también estás realizando actividades que ayudan a tu salud cerebral y a tu ser social.

Con base en lo que has leído, me gustaría que regresaras al ejemplo de la señora X, en la p. 179.

- ¿Qué cambiarías en el estilo de vida que lleva la señora X?
- ¿Qué hábitos son nocivos para su salud?
- ¿Qué actividades podría realizar para mejorar su salud y tener un envejecimiento exitoso?

A lo largo de este capítulo hemos hablado sobre los diferentes aspectos que influyen en una vejez exitosa. Hay que recordar que somos seres complejos que buscan un equilibrio químico, biológico y emocional, por lo que hay que trabajar en todos esos aspectos sin sobrecargarnos de actividades, reconociendo nuestros límites y potenciando nuestras capacidades de acuerdo con nuestro propio plan de vida.

Espero haberte dado las herramientas necesarias para que realices los cambios que, independientemente de tu edad, mejorarán tu vida y te proyectarán hacia una vejez plena y exitosa.

Bibliografía

Romper el paradigma del envejecimiento

American Psychological Association (APA) (2002). *Resolution on Ageism.* Consultado en http://www.apa.org/pi/aging/ageism.html.

Bazo, M. (1990). *La sociedad anciana*, Madrid, Siglo XXI Editores.

Bermejo, L. (2009). *Guía de buenas prácticas en residencias de personas mayores en situación de dependencia*, Oviedo, Conseyería de Bienestar Social y Vivienda del Principáu d'Asturies.

Bourdieu, P. (1990). *Sociología y cultura*, México, Grijalbo.

Butler, R. (2004). *The Future of Ageism*, Nueva York, International Longevity Center.

Fericgla, J. (2002). *Envejecer. Una antropología de la ancianidad*, Barcelona, Anthropos.

Finger, M., y J. Asún (2001). *Adult Education at the Crossroads: Learning our Way Out*, Londres, Zed Books.

Frenk, J. (2003). *La salud de la población. Hacia una nueva salud pública*, México, FCE.

Iacub, R., y C. Arias (2010). "El empoderamiento en la vejez", *Journal of Behavior, Health & Social Issues*, 2, 2, pp. 25-32.

Le Breton, D. (2012). "Por una antropología de la emociones", *Revista Latinoamericana de Estudios sobre cuerpos, emociones y sociedad*, 10 (4), pp. 69-79.

Luscher, K., *et al.* (2010). *Generations, Intergenerational Relationships, Generational Policy. A Trilingual Compendium*, Berna, Swiss Academy of Humanities and Social Sciences.

Montes de Oca, V. (2012). "Pensar la vejez y el envejecimiento en el México contemporáneo", *Renglones*, 62, pp. 3669-3487.

Narayan, D. (2005). *Measuring Empowerment. Cross-disciplinary Perspectives*, Washington, The World Bank.

OMS (2002). *Envejecimiento activo*, Ginebra, Organización Mundial de la Salud.

Orozco, I., E. Arias y E. Villa (1998). "La identidad colectiva del anciano. Un acercamiento a su proceso salud-enfermedad", en F. Mercado y L. Robles (comps.), *Investigación cualitativa en salud. Perspectiva desde el occidente de México*, Guadalajara, Universidad de Guadalajara, pp. 287-307.

Ortiz, J. (s. f.). "Envejecimiento: ¿programa genético o desgaste?", tesis de licenciatura, México, ENAH.

Rappaport, J. (1995). "Empowerment Meets Narrative: Listening to Stories and Creating Settings", *Am J Community Psychol*, 23 (5), pp. 795-807.

Rogers, C. (1986). "Carl Rogers on the Development of the Person-Centered Approach", *Person-Centered Review*, 1(3), pp. 257-259.

Rowe, J., y R. Kahn (1997). "Successful Aging", *The Gerontologist*, 37 (4), pp. 433-440.

Ruiz, A., y M. Nava (2012). "Cuidadores: responsabilidades-obligaciones", *Enf Neurol*, 11 (3), pp. 163-169.

Salvarezza, L. (2002). *Psicogeriatría. Teoría y clínica*, Barcelona, Paidós.

Toledo, A. (2010). "Viejismo (ageism). Percepciones de la población acerca de la tercera edad: estereotipos, actitudes e implicaciones sociales", *Revista Electrónica de Psicología Social*, 19.

Vargas, L. (2012). "Las condiciones bioculturales y el envejecimiento", en L. M. Gutiérrez Robledo y D. Kershenobich Stalnikwitz (coords.), *Envejecimiento y salud: una propuesta para un plan de acción*, México, Academia Nacional de Medicina / Academia Mexicana de Cirugía / Instituto Nacional de Geriatría / UNAM, pp. 103-120.

Yuni, J., C. Urbano y M. Arce (2001). *Discursos sociales sobre el cuerpo, la estética y el envejecimiento*, Córdoba, Argentina, Brujas.

Zimmerman, M. (1994). "Psychological Empowerment: Issues and Illustrations", *Am J Community Psychol*, 23 (5), pp. 581-599.

El fantasma del deterioro cognitivo

Bennett, D. A., *et al.* (2006). "The Effect of Social Networks on the Relation between Alzheimer's Disease Pathology and Level of Cognitive Function in Old People: a Longitudinal Cohort Study", *Lancet Neurology*, 5, pp. 406-412.

Carnero-Pardo, C. (2000). "Educación, demencia y reserva cognitiva", *Rev Neurol*, 31(6), pp. 584-592.

Allbaugh, L. G (1953). "Food and nutrition", en L. G. Allbaugh, *Crete: A Case Study of an Underdeveloped Area*, Nueva Jersey, Princeton University Press, pp. 97-135.

Scarmeas, N., *et al.* (2006). "Mediterranean Diet and Risk for Alzheimer's Disease", *Ann Neurol.*, 59, pp. 912-921.

Arizaga, R., *et al.* (2018). "Dieta y prevención en enfermedad de Alzheimer", *Neurología Argentina*, vol. 10, pp. 44-60.

Santos-Lozano, A., *et al.* (2016). "Physical Activity and Alzheimer Disease: A Protective Association", *Clinic Proceedings*, 91, 8, pp. 999-1020.

Scott, G., *et al.* (2016). "Amyloid pathology and axonal injury after brain trauma", *Neurology*, 86, pp. 1-8.

Tolppanen, A. M., *et al.* (2015). "Leisure Time Physical Activity from Mid to Late Life, Body Mass Index, and Risk of Dementia. Alzheimer's & Dementia", *The Journal of the Alzheimer's Association*, 11, pp. 434-443.

Algunas herramientas útiles

Taller de estimulación cognitiva online, en español, de acceso gratuito. www.todomemoria.net

Sociedad Española de Psicogeriatría (SEPG). www.sepg.es

Alzheimer Desease International. www.alz.co.uk

Documento del Consenso sobre demencias de la SEPG. https://sepg.es/consenso-sobre-demencias/

Guía de buena práctica clínica en Alzheimer y otras demencias. http://www.crealzheimer.es/InterPresent2/groups/imserso/documents/binario/guabuenapractica.pdf

Crecer en la segunda mitad de la vida

Carter, B., y M. McGoldrick (1989). "Overview: The Changing Family Life Cycle: A Framework for Family Therapy", en B. Carter y M. McGoldrick (eds.), *The Changing Family Life Cycle: A Framework for Family Therapy*, Boston, Allyn & Bacon.

Csikszentmihalyi, M., e I. Csikszentmihalyi (1998). *Experiencia óptima: estudios psicológicos del flujo en la conciencia*, Bilbao, Descleé De Brouwer.

_____ (2003). *Fluir: una psicología de la felicidad*, Barcelona, Kairós.

_____ (2005). *Aprender a fluir*, Barcelona, Kairós.

Erikson, E. H. (1963). *Childhood and Society*, Nueva York, W. W. Norton & Company.

_____, J. M. Erikson y H. Q. Kivnick (1994). *Vital Involvement in Old Age*, Nueva York, W. W. Norton & Company.

Expansión (2013). "10 beneficios de hacer ejercicio", consultado en http://expansion.mx/lifestyle/2013/09/11/10-beneficios-de-hacer-ejercicio.

Friedan, B. (1994). *The Fountain of Age*, Nueva York, Simon and Schuster.

García, M. (s. f.). *Manual de ejercicio físico para personas de edad avanzada*, consultado en http://www.bizkaia.eus/home2/archivos/DPTO4/Temas/manual-cast-ultima.pdf?idioma=CA.

Ibarra, L. M. (2005). *Aprende mejor con gimnasia cerebral*, México, Garnik Ediciones.

Jones, H. (2016) en Reynolds, G. Dominan los sofocos haciendo ejercicio, The New York Times International Weekly, Suplemento de *Reforma*, 1° de octubre.

Kaplan, J. A. (2001). *Viajes inesperados: el arte y la vida de Remedios Varo*, México, Era.

Maslow, A. (2001a). *El hombre autorrealizado: hacia una psicología del ser*, Barcelona, Kairós.

Maslow, A. (2001b). *La personalidad creadora*, Barcelona, Kairós.

McCullough, P. G., y S. K. Ruttenberg (1989). Launching Children and Moving On". En Carter-McGoldrick.

OMS (s. f.). "La actividad física en los adultos mayores: niveles recomendados de actividad física para la salud de 65 años en adelante", consultado en http://www.who.int/dietphysicalactivity/factsheet_olderadults/es/.

Papalia, D. E. (2009). *Desarrollo del adulto y vejez*, México, McGraw-Hill / Interamericana.

Papalia, D. E., *et al.* (2009). *Desarrollo del adulto y vejez*, México, McGraw-Hill / Interamericana.

Pardo, M. (2015). *Retos de la segunda mitad de tu vida: desarrolla tu máximo potencial en la edad adulta*, México, Limusa.

Real Academia Española (1956). *Diccionario de la Lengua Española*, Madrid, Espasa-Calpe.

Seligman, M. E. P. (2003). *La auténtica felicidad*, Barcelona, Ediciones B / Javier Vergara Editor.

_____ (2006). *Learned Optimism: How to Change your Mind and your Life*, Nueva York, Vintage Books.

_____ (2011). *Flourish: A Visionary New Understanding of Happiness and Well-being*, Nueva York, Free Press / Simon and Schuster.

Tarragona, M. (2014). *Tu mejor tú; cómo la psicología positiva te enseña a subrayar las experiencias que fortalecen tu identidad*, Madrid, Alianza.

Walsh, F., y M. McGoldrick (1988). "Loss and the Family Life Cycle", en C. J. Falicov (ed.), *Family Transitions: Continuity and Change Over the Life Cycle*, Nueva York, Guilford.

Tanatología: educación para la vida y la muerte

Bayés, R. (2006). *Afrontando la vida, esperando la muerte*, Madrid, Alianza.

Boff, L. (2000). *Los sacramentos de la vida y la vida de los sacramentos*, México, Dabar.

Buckman, R. (1993). *Qué decir? ¿Cómo decirlo?* Dialogando con el paciente terminal, Bogotá, Kimpres.

García Pintos, C. (1993). *La familia del anciano también necesita sentido*, Buenos Aires, Ediciones Paulinas.

Krassoievitch, M. (1993). *Psicoterapia geriátrica*, México, FCE.

Kraus, A. (2011). *Cuando la muerte se aproxima*, México, Almadía.

Kübler-Ross, E. (1975). *Sobre la muerte y los moribundos*, Barcelona, Grijalbo.

_____ (1997). *Una vida para una buena muerte*, Barcelona, Martínez Roca.

Marinelli, S. (2013). *Vivir el duelo acompañado. Manual para grupos de ayuda*, México, PPC Editorial.

Maza, E. (1989). *El amor, el sufrimiento y la muerte*, México, Proceso.

Neimeyer, R. (2002). *Aprender de la pérdida. Una guía para afrontar el duelo*, Barcelona, Paidós.

Pérez Valera, V. M. (1989). *Eutanasia, ¿piedad?, ¿delito?*, México, Jus.

Reyes Zubiría, L. A. (2006). *Acercamientos tanatológicos al enfermo terminal y su familia*.

Worden, W. (2013). *El tratamiento del duelo. Asesoramiento psicológico y terapia*, Barcelona, Paidós.

Una ciudad incluyente

Fajardo, G., *et al.* (2012). *Desarrollo de las especialidades médicas en México*, México, P. Consejo Nacional de Ciencia y Tecnología / UNAM / Academia Nacional de Medicina / Editorial Alfil, pp. 153-162.

González, K. "Envejecimiento demográfico en México: análisis comparativo entre las entidades federativas". Consultado el 10 de marzo de 2018 en https://www.gob.mx/cms/uploads/.../06_Envejecimiento_demografico_en_Mexico.pdf.

Gutiérrez, L. M., *et al.* (2015). "Estudio de carga de la enfermedad en personas adultas mayores: Un reto para México", Instituto Nacional de

Geriatría. Consultado el 12 de marzo de 2018 en http://www.geria-tria.salud.gob.mx/..

Gutiérrez, L. M., *et al.* (2016). "Hechos y desafíos para un envejecimiento saludable en México", Instituto Nacional de Geriatría. Consultado el 13 de marzo de 2018 en http://www.geriatria.salud.gob.mx/.

INEGI (año). Esperanza de vida en la Ciudad de México. Consultado el 10 de marzo de 2018 en http://cuentame.inegi.org.mx/poblacion/espe-ranza.aspx?tema=P.

INEGI (año). Mortalidad en la Ciudad de México. Consultado el 14 de marzo de 2018 en http://www.inegi.org.mx/est/contenidos/proyec tos/registros/vitales/mortalidad/tabulados/ConsultaMortalidad.asp.

Institute for Health Metrics and Evaluation. GBD Compare. Consul-tado el 13 de marzo de 2018 en http://www.healthdata.org/results/ data-visualizations.

INEGI (1980). Censo General de Población y Vivienda 1980. Consultado el 10 de marzo de 2018 en http://www.beta.inegi.org.mx/proyectos/ ccpv/1970/.

INEGI (2015). Encuesta Intercensal 2015. Consultado el 10 de marzo de 2018 en http://www.beta.inegi.org.mx/proyectos/enchogares/espe ciales/intercensal.

Secretaría de Salud de la Ciudad de México (2017). Quinto Informe de Gobierno. México, Glosa Secretaría de Salud, pp. 24-25.

Secretaría de Salud de la Ciudad de México (2017). Sistema de Informa-ción de la Coordinación del Programa El Médico en Tu Casa, México, Dirección de Atención Médica.

Secretaría de Salud, Dirección General de Epidemiología. Consultado el 13 de marzo de 2018 en https://www.gob.mx/salud/acciones-y-pro gramas/anuarios-de-morbilidad-1984-2016.

¡Saca tu mejor versión!

Baños, R. M., A. García-Palacios y C. Botella (2014). *Alteraciones de los procesos psicológicos. Manual de psicopatología y trastornos psicológicos*, Madrid, Ediciones Pirámide, p. 84.

Consejo Nacional de Población (2014). Dinámica demográfica 1990-2010 y proyecciones de población 2010-2030. Consultado en http://conapo.gob.mx/work/models/CONAPO/Proyecciones/Cuadernos/15_Cuadernillo_Mexico.pdf.

Deus, J. (2006). "Estimulación cognitiva en demencias: eficacia o placebo", *Informaciones Psiquiátricas*, segundo trimestre, núm. 184.

Duran, D. M., *et al.* (2008). "Integración social y habilidades funcionales en adultos mayores", *Red de Revistas Científicas de América Latina y el Caribe, España y Portugal*, vol. 7, núm. 1, pp. 263-270. Consultado en http://www.redalyc.org/html/647/64770119/.

Encuesta Nacional de Salud y Nutrición: Resultados Nacionales. Consultado en https://ensanut.insp.mx/doctos/FactSheet_ResultadosNacionales14Nov.pdf.

Engel, G. L. (1977). "The Need for a New Medical Model: A Challenge for Biomedicine". *Science*, New Series, vol. 196, núm. 4286, pp. 129-136. Consultado en http://drannejensen.com/PDF/publications/The%20need%20for%20a%20new%20medical%20model%20-%20A%20challenge%20for%20biomedicine.pdf.

Etchepareborda, M. C., y L. Abad-Mas (2005). "Memoria de trabajo en los procesos de aprendizaje", *Revista de Neurología*, 40 (sup. 1), pp. S79-S83.

Federación Mexicana de Diabetes, A. C. Consultado en http://fmdiabetes.org/diabetes-en-mexico/.

Fundación Dieta Mediterránea. Disponible en https://dietamediterranea.com/nutricion-saludable-ejercicio-fisico/.

Fuster, J. (2007). "Cajal y la neurociencia cognitiva cien años más tarde", *Quark*, núm. 39-40.

García-Molina, A. (2016). Máster en rehabilitación neuropsicológica y estimulación cognitiva, *Funciones Ejecutivas*, Barcelona, Instituto Guttmann.

Gómez, A. (2016). Máster en Rehabilitación Neuropsicológica y Estimulación Cognitiva: *Rehabilitación neuropsicológica y estimulación cognitiva en las alteraciones del daño cerebral adquirido de la atención*, Barcelona, Instituto Guttmann.

Herrera Santí, C. P. M., N. Martínez García, y C. Navarrete Ribalta (2013). "Intervención comunitaria para mejorar la calidad de vida del adulto mayor", *Revista Cubana de Medicina General Integral*, 30(4), pp. 326-345.

Manga, D., y F. Ramos (2011). "El legado de Luria y neuropsicología escolar", *Psychology, Society & Education*, vol. 3, núm. 1, p. 13.

Meyer, J. (2017). "Obesidad, diabetes y México", *El Universal*. Consultado en http://www.eluniversal.com.mx/entrada-de-opinion/articulo/jean-meyer/nacion/2017/01/22/obesidad-diabetes-y-mexico.

Morgado, I. (2015). *La fábrica de las ilusiones: Conocernos más para ser mejores*, Barcelona, Ariel.

Rivera Barragán, M. R. (2007). "La educación en nutrición, hacia una perspectiva social en México", *Revista Cubana de Salud Pública*, vol. 33, núm. 1. Consultado en http://scielo.sld.cu/scielo.php?script=sci_arttext&pid=S0864-34662007000100015#cargo.

Sardinero-Peña, A. "Estimulación cognitiva para adultos: Cuaderno de Introducción y Ejemplos". Consultado en www.tallerescognitiva.com.

UNICEF México: Consultado en https://www.unicef.org/mexico/spanish/17047.htm.

Sobre los autores

DR. ARMANDO AHUED ORTEGA

Médico de formación y egresado de la Universidad Autónoma Metropolitana, en diciembre de 2006 fue nombrado subsecretario de Salud y en julio de 2008 quedó al frente de la Secretaria de Salud de la Ciudad de México. Ha sido impulsor de programas médicos innovadores de prevención y detección oportuna que acercan la salud a la población y mantienen a la Ciudad de México a la vanguardia en el ámbito nacional e internacional, como el programa El Médico en Tu Casa, que beneficia a población altamente vulnerable como adultos mayores, discapacitados, postrados, enfermos en fase terminal, personas en situación de abandono y mujeres embarazadas. Entre muchos otros logros, consolidó el programa de cuidados paliativos y promovió la Ley de Voluntad Anticipada en la capital del país.

DR. JORGE SANTIBÁÑEZ ROMELLÓN

Es matemático por la UNAM y doctor en Matemáticas, Probabilidad y Estadística por la Universidad Louis Pasteur de Estrasburgo, Francia. Actualmente trabaja como consultor de organizaciones internacionales en Washington, D.C. Como estudioso de la migración humana y de las comunidades mexicanas en Estados Unidos, colabora como consultor en los gobiernos de México, España y Francia, así como en la Organización de las Naciones Unidas, el Banco Interamericano de Desarrollo y el Banco Mundial. Ha impartido cursos y conferencias en instituciones como El Colegio de México, Sciences Po, Universidad del Rey Juan Carlos, University of California, University of Southern California, New York University y American University, entre otras.

MTRA. ARCELIA SERRANO VARGAS

Es licenciada en Economía por la Benemérita Universidad Autónoma de Puebla y maestra en Desarrollo Regional por El Colegio de la Frontera Norte. Especialista en gestión de bases de datos, en los Estados Unidos ha trabajado en organizaciones sin fines de lucro específicamente en el procesamiento de información estadística. En México fue profesora en la Universidad Autónoma de Baja California y funcionaria en el gobierno federal, donde se desempeñó como directora de Análisis de Información y Estudios de Política Educativa y Subdirectora de Análisis Estadístico y Económico en la Subsecretaría de Planeación y Evaluación de Políticas Educativas de la Secretaría de Educación Pública. Cuenta con una amplia experiencia en el desarrollo de encuestas para la recolección de datos y en la organización, integración, operación y análisis de bases de datos públicas en México y Estados Unidos.

DRA. YANIRA AGUILAR ACEVEDO

Es doctora en Ciencias Sociomédicas, egresada del Posgrado de la Facultad de Medicina de la UNAM y es profesora titular en el Instituto Mexicano del Envejecimiento Activo de las materias Sociedad y vejez y Bioética. Ha escrito artículos científicos y ha participado como ponente en múltiples congresos, jornadas, simposios nacionales e internacionales. Sus temas de investigación son sistemas de atención de salud, envejecimiento, enfermedades crónico-degenerativas y sistemas de cuidados.

Dr. Manuel Sánchez Pérez

Médico especialista en Psiquiatría. Subdirector médico del Hospital Sagrat Cor, Martorell (Barcelona, España) y coordinador del área de Hospitalización en Salud Mental y de Psiquiatría Geriátrica. Es profesor asociado de Psiquiatría y director del Máster y Diplomatura de Postgrado en Psicogeriatría de la Universidad Autónoma de Barcelona. También es vicepresidente de la Junta Directiva de la Sociedad Española de Psicogeriatría (SEPG) y director de la revista *Psicogeriatría*. Actualmente trabaja en líneas de investigación sobre los efectos de la terapia de estimulación multisensorial *(Snoezelen)* en los trastornos de conducta de los pacientes con demencia.

Dra. Martha Pardo García

Es doctora en Psicología Clínica y Terapia Familiar, y especialista en desarrollo emocional del adulto. Cuenta con 40 años de experiencia académica y laboral en salud pública y privada, tanto en México como en Estados Unidos, y se ha desempeñado como docente en diversas universidades. Ha formado parte de instituciones como el Hospital Infantil de México Federico Gómez, el Philadelphia Children's Hospital y la Philadelphia Child Guidance Clinic; pertenece a la Asociación Mexicana de Terapia Familiar y es miembro clínico y supervisora de la American Association for Marriage and Family Therapy. Actualmente preside el Consejo Mexicano de Terapia Familiar. Autora del libro *Retos de la segunda mitad de tu vida*, sus temas de especialización son familias y parejas que presentan diversos tipos de problemas y retos a enfrentar en la segunda mitad de la vida.

Psic. Tan. Angelina del Carmen Pacheco Chavarría

Socia fundadora de la Asociación Mexicana de Tanatología, A. C. Inicia su formación profesional formal con el diplomado de Tanatología avalado por la Universidad Iberoamericana y la Asociación Mexicana de Tanatología, A. C. Más tarde estudió Psicodrama Clásico en la Escuela Mexicana de Psicodrama y Sociometría, así como la licenciatura en Psicología por la Universidad Intercontinental. Es profesora, conferencista y coautora del libro *Psicogeriatría. Temas selectos*, con el capítulo "Tanatología en la primera mitad del siglo xx en México", publicado con motivo del 50 aniversario del Hospital Psiquiátrico Fray Bernardino Álvarez.

Dr. Alberto de los Ríos Torres

Estudió medicina en la UNAM y cursó la Especialidad en Medicina Interna en el Hospital General Dr. Manuel Gea González y la Subespecialidad en Geriatría en el Instituto Nacional de Ciencias Médicas y Nutrición Salvador Zubirán. Asimismo, realizó un diplomado en Dirección y Desarrollo de Negocios en el ITAM. Es socio fundador de Ananta México, un modelo de vivienda compartida para el adulto mayor y director de Home Care en Atend, una start up mexicana enfocada en brindar servicios de cuidados domiciliarios a adultos mayores en la Ciudad de México. También es consultor en el área de innovación en salud dentro de Skilz Consultoría para desarrollo de nuevos negocios.

Mtro. Eugenio Eduardo Yarce Alfaro

Former fellow por la American Council on Education (ACE), realizó su estadía en Portland State University. Con certificación en planeación estratégica por la Society for Colleges and University Planning (SCUP), colaboró en la Universidad Iberoamericana como director general de vinculación. Previamente se desempeñó como director del centro de alto nivel para la formación de recursos humanos en el sector automotriz de la Universidad Tecnológica de Puebla y antes colaboró en la UPAEP como vicerrector de vinculación. Psicólogo egresado de la Universidad de las Américas Puebla y con una maestría en administración del conocimiento y capital intelectual por la UPAEP, actualmente es socio y colaborador en las siguientes iniciativas: el aceleramiento de resultados en instituciones de educación con propuestas innovadoras; la formación en emprendimiento y el desarrollo de competencias blandas; proyectos para apoyar el desarrollo y sostenibilidad del adulto mayor. Es editorialista en Imagen Radio Puebla en la sección "Re-Planteando la Educación".

PSIC. MARLENE RÍOS MARS

Estudió Psicología en la Universidad Anáhuac y realizó sus maestrías en la Universidad de Barcelona; la primera en Psicogeriatría, junto con el Hospital de las Hermanas Hospitalarias, y la segunda en Rehabilitación Neuropsicológica y Estimulación Cognitiva, impartida por el Hospital Guttmann. Ha trabajado en residencias para adultos mayores en la Ciudad de México, Barcelona y alrededores. Actualmente trabaja con el Servicio de Emergencias Médicas de Cataluña (SEM), colabora en diversos centros de salud como neuropsicología infanto-juvenil, adultos y adultos mayores, y lidera su equipo interdisciplinar, Neuropsic.

Ser grande de Josefina Vázquez Mota
se terminó de imprimir en febrero de 2019
en los talleres de
Litográfica Ingramex, S.A. de C.V.
Centeno 162-1, Col. Granjas Esmeralda, C.P. 09810,
Ciudad de México.